硬核健身 2

海豹突击队体能训练手册

李丛森◎译

北京体育大学出版社

策划编辑：姜艳艳
责任编辑：姜艳艳
责任校对：任　侠
封面设计：异一设计
版式设计：张文艺

图书在版编目（CIP）数据

硬核健身 .2，海豹突击队体能训练手册 / 李丛森译 .-- 北京：北京体育大学出版社，2023.5
ISBN 978-7-5644-3823-4

Ⅰ. ①硬… Ⅱ. ①李… Ⅲ. ①男性—体能—身体训练—手册 Ⅳ. ① G808.14-62

中国版本图书馆 CIP 数据核字（2023）第 054041 号

硬核健身 2：海豹突击队体能训练手册　　李丛森 译
YINGHE JIANSHEN ER：HAIBAO TUJIDUI TINENG XUNLIAN SHOUCE

出版发行：北京体育大学出版社
地　　址：北京海淀区农大南路 1 号院 2 号楼 2 层办公 B-212
邮　　编：100084
网　　址：http://cbs.bsu.edu.cn
发 行 部：010-62989320
邮 购 部：北京体育大学出版社读者服务部 010-62989432
印　　刷：天津旭非印刷有限公司
开　　本：880mm × 1230mm 1/32
成品尺寸：145mm × 210mm
印　　张：9
字　　数：218 千字
版　　次：2023 年 5 月 第 1 版
印　　次：2023 年 5 月 第 1 次印刷
定　　价：59.00 元

序

美国海军特种部队对其队员的体能素质要求极高，他们必须具有极强的力量素质、灵敏素质和强健的心肺功能，而这些必备素质也是完成军事任务的前提条件。

为了能有效地进行高强度的体能训练，人们需要一本精确、权威、专业的体能训练手册作指导。于是《硬核健身 2：海豹突击队体能训练手册》一书与广大读者见面了。

该书是一本综合训练手册，编者包括医学专家和生理学家，他们都有在海豹突击队或其他特种部队的工作经历，在体能训练和特种兵训练方面具有权威的专业知识。该书阐述了特种兵如何达到并保持强健的体能素质，本书的编写目的是将这些经验与技巧分享给读者。

《硬核健身 2：海豹突击队体能训练手册》一书的内容精准、丰富，训练者如果坚持按照本书训练，一定会大幅提高体能。

前言

《硬核健身2：海豹突击队体能训练手册》专门为海豹突击队军事体能训练量身打造，为海豹突击队队员和其他训练者提供训练指导，读者在本书中能找到如下相关信息：

如何提高运动技能，满足特殊作战需要；

如何长期提高心肺功能和其他体能素质；

如何避免训练损伤，如何重新开始正常的军事体能训练；

……

如果这些信息能够为读者进行训练时提供有效的指导，那么我们就成功地实现了撰写目的。做一名海豹突击队队员并非易事，需要极佳的力量素质和耐力素质。急性训练损伤和慢性训练损伤都会对成功完成作战任务构成极大威胁，但是只要严格遵循训练准则，采取正确的训练方法和谨慎的训练态度，就能降低受伤风险。正确理解体能训练的基本要求，对成为一名合格的海豹突击队队员或特战队队员十分有利。

人们通常把体能分成各种体能素质，通过不同的体能训练活动提高相应素质。这些体能素质水平都是可测量的，可以分成技能性体能素质和健康性体能素质两大类（详见表I–1）。

表 I–1　技能性体能素质和健康性体能素质

技能性体能素质	健康性体能素质
灵敏素质	心肺耐力素质
平衡素质	肌肉耐力素质
协调素质	肌肉力量素质
速度素质	身体形态
爆发力	柔韧素质
反应时间	

上述各种体能素质概念在第一章“体能训练导论”中有详细介绍，这些素质在海豹突击队军事体能训练中都极其重要。这些素质水平都可被测量，因此，人类的体能水平也由低到高分为不同水平。而且，即使就同一个个体而言，他身上的各种体能素质水平也有差异，例如，一个人可能有较高的心肺耐力，但是他的柔韧素质可能很低。因此，单一的体能素质并不能自动转化为较高的体能水平。身体极为健康的个体可能各项健康性体能素质水平都较高，但是海豹突击队对体能素质要求更高，其队员必须通过军事体能训练，使自身的技能性体能素质和健康性体能素质都达标。本书为海豹突击队队员提供相关训练指导，以平衡各种体能素质，全面提高体能水平。

目录

CONTENTS

05 游泳体能训练

06 力量素质训练

07 柔韧素质训练

08 健身操体能训练

09 肌肉增强训练

10 负重训练

11 特殊环境中的体能训练

12 体能训练与运动损伤

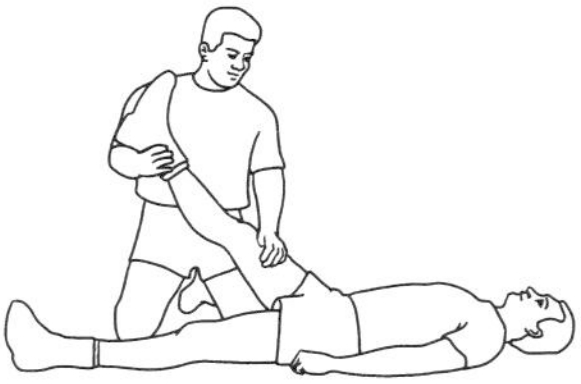

13 体能训练的其他相关问题

14 终极体能训练计划

01

体能训练导论

本章主要介绍体能（Physical Fitness）的基本概念及相关术语。体能这一概念通常用来定义、测量身体素质水平。而其他有关体育训练的基本术语，诸如有氧运动和无氧运动之类的专业术语将贯穿于全书各个章节，所以，本章首先介绍这类基本术语，之后的章节再对具体体能训练技巧做进一步讲解。建议读者详细地阅读本章内容，这些基本术语及概念有助于读者更好地理解全书内容，使读者更快地掌握训练技巧。

1.1 运动生理学概述

运动生理学是体育科学的基础学科之一，旨在研究在体育活动和运动训练影响下人体结构和机能的变化，以及人体对运动的反应和适应。其研究结果应用于体育教学课程设计、组织体育锻炼和运动训练等。身体素质包括心肺耐力、身体形态、肌肉强度与耐力、反应灵敏度等。

以下是运动生理学中的一些基本概念和常见术语，请读者仔细阅读。

有氧运动：氧气参与供能的运动方式。

有氧运动能力：单位时间内能完成的最大有氧运动量。

有氧代谢：大部分超过3分钟的运动都需要氧气为其输送能量（氧化过程）。换句话说，必须通过氧气代谢才能产生能量。

灵敏素质：迅速、准确地改变体位的能力。

无氧运动：不需要氧气产生能量的过程。

无氧运动能力：单位时间内能完成的最大无氧运动量。

无氧糖酵解：在无氧条件下，葡萄糖或糖原分解为乳酸的过程。乳酸是这个过程中的副产品。

无氧代谢：无氧物质和能量的转化过程，即运动时氧气供应无法满足需要，肌肉则利用其他成分释放能量以满足运动需要的过程。

无氧阈：无氧阈就是无氧界限，当运动时肌肉所需的氧不能由呼吸系统完全供应时，能量将来自无氧代谢；此时，动脉血管中的乳酸量开始增加。

三磷酸腺苷（ATP）：三磷酸腺苷在肌肉中储存、转化能量。食物分解进入肌肉后，以ATP的形式储存能量；运动时ATP分解，释放能量。

平衡素质：当身体处于静态或动态时，身体保持平衡的能力。

心肺功能：心脏、肺部、血管为运动的肌肉输送氧气、排出体内垃圾的能力。

同心收缩：又名“向心收缩”“缩短收缩”，也称“积极运动”，是指肌肉收紧时导致肌肉变短的收缩。

协调素质：运用某一感官协同肌肉组织准确地完成某一运动的能力。例如，射击过程中的手眼协调素质。

动力性运动：引起关节活动的骨骼肌或其他肌肉的收缩和放松运动。

离心收缩：又名“拉长收缩”，也称“消极运动”，是指使肌肉变长的肌肉收缩。克服重力时，肌肉会发生拉长收缩，如下山或下楼时发生的肌肉收缩。

心电图（ECG）：是利用心电图机从体表记录心脏每一心动周期所产生的电活动变化图形。

肌力计/测力计：测量力量的工具。

测力：在体育活动中测量力量的过程。

体育锻炼：以发展身体、增进健康、增强体质为目的而进行的有组织、有计划的体育活动。它包括心肺功能、肌肉力量与耐力、灵敏素质、身体形态等体能素质的锻炼。

法特莱克训练法（Fartlek Training）：也称“速度游戏”，加速跑与慢跑交替进行的训练方法，是一种为了提高速度素质、没有特定组织形式的间歇性训练方法。

柔韧素质（Flexibility）：控制某一关节活动范围的能力，具体是指肌腱、韧带及其周围软组织的灵敏度；在任何活动强度下，尤其是极限运动时的控制能力与反应能力。

糖原：一种储存在肝脏和骨骼肌中的碳水化合物（糖类）。

糖原分解：准备或促进糖酵解。

糖酵解：葡萄糖或糖原在组织中进行类似发酵的降解反应过程。最终形成乳酸或丙酮酸，同时释放出部分能量，形成ATP供组织利用。该过程是无氧代谢过程。

心率：心脏每分钟跳动的次数。

间歇式训练：在一次或一组剧烈运动后进行休息，或减轻运动强度。间歇式训练主要用于无氧运动。

等动收缩：在整个关节活动范围内，肌肉以恒定速度进行的最大用力收缩。例如，自由泳中的挥臂训练。

等长收缩（静力性）：肌肉在收缩时既不伸长也不缩短，而肌肉张力等于外加阻力，作用是支持、固定、维持某种身体姿势。在这类活动中，没有关节运动。

等张收缩（动力性）：肌肉收缩时保持张力，肌肉可伸长也可缩短。

乳酸：无氧代谢产生的副产品。

韧带：使各骨块相互连接的结缔组织的索状物，其功能是强化关节。

最大摄氧量（VO_{2max}）：是测量有氧代谢能力的重要指标，肌体在单位时间内摄入的最大氧气量。通常用升/分或者毫升/（千克·分）来表示。

代谢当量（MET，代谢等量单位）：在体育运动中估算身体代谢消耗的一种单位。1代谢当量是指个体在静止状态下所消耗的能量，相当于每千克体重消耗3.5毫升氧气。

新陈代谢：维持生命的物理和化学反应过程。

每分钟通气量：每分钟吸入的空气的量。

肌肉耐力：在较长时间内，对抗一定阻力（通常是最大阻力的50%~60%）时多次完成动作的能力。

肌肉力量：一个或一组肌肉所能产生的最大力量。

肌红蛋白：组成骨骼肌和心肌的主要蛋白质，有运输和储存氧的功能，是判断肌肉劳损的重要指标。

身体活动：消耗能量的骨骼肌运动。

体适能/体能：进行体育锻炼的能力。

肌肉增强式训练：通常也叫“爆发式弹跳能力训练”，用于锻炼肌肉突然伸展与收缩的能力，包括立定跳和混合跳等。

爆发力：肌肉在短时间内做出最大的功。如短跑冲刺、跳高、拳击时使出的力量。

自感用力度分级（RPE）：自感用力度是博格（Borg）根据运动者自我感觉疲劳程度来衡量相对运动强度的指标，是测量持续强度运动中体力水平的可靠指标，可用来评定运动强度。它通常与心肺代谢的指标有关，如吸氧量、心率等。

反应时间：接收信号后做出反应的时间。

换气比值：产生的二氧化碳与消耗的氧气的比值，是体育运动中衡量初始能量的一项重要指标。

速度素质：短时间内完成某种运动的能力。

力量素质：肌肉克服阻力的收缩能力，并能够在活动范围内进行有效控制的能力。

每搏输出量（Stroke Volume）：心脏每跳动一次泵出的血液量。

肌腱：肌肉末梢附着的纤维束，肌肉通过肌腱与骨骼或其他组织相连接。

潮气量（Tidal Volume, TV）：在静息状态下每次吸入或呼出的气量，似潮汐涨落，故名潮气量。

1.2 肌肉组织与功能

肌肉主要分为以下三类：心肌、骨骼肌、平滑肌。

本节主要讨论骨骼肌，它能使化学能量转化为机械动能，从而完成人体活动。下面介绍骨骼肌的基本构成及其各自的特点和功能。尽管有些学者对骨骼肌纤维做出不同的划分，但骨骼肌纤维大体可分为Ⅰ类骨骼肌纤维和 Ⅱ类骨骼肌纤维。

1.2.1 Ⅰ类骨骼肌纤维

Ⅰ类骨骼肌纤维通常在耐力性运动中发挥重要的作用。这类纤维通常被称为慢肌纤维，具有很强的有氧能力与抗疲劳能力，主要的能量来源是脂肪，但是，其糖酵解（无氧）能力差、收缩速度慢、运动单位肌力较低，属于低强度、长时间运动的肌肉类型。慢肌纤维富含肌红蛋白，呈红色，故也称慢缩红肌；肌红蛋白是指肌肉中储存并输送氧气的含铁蛋白。慢肌纤维属于张力性运动神经元，负责维持张力姿势，又称“缓慢运动单位”。慢肌纤维含肌红蛋白和细胞色素较多、肌原纤维较少，在运动时慢肌纤维收缩较慢，爆发力不强，但能持久耐劳。

1.2.2 Ⅱ类骨骼肌纤维

Ⅱ类骨骼肌纤维至少可以分成两类：快缩红肌（Ⅱ类a纤维）和快缩白肌（Ⅱ类b纤维）。这类纤维主要在力量性活动和爆发力性活动中发挥作用。快缩红肌富含肌红蛋白，所以颜色略呈红色。它位于快肌纤维和慢肌纤维之间，虽然在运动时比慢肌纤维收缩的速度快，但也不适合耐力性运动。

相反，快缩白肌是真正意义上的快肌纤维，含较多的肌原纤维，而含肌红蛋白和细胞色素较少，所以有学者称它为“白”肌。它在运动时收缩的速度快而有力，爆发力强，但持久力较差。快缩白肌具有最高的糖酵解能力与运动单位肌力，但在有氧能力、收缩速度以及疲劳阻力方面较差，属于高强度、短时间运动的肌肉类型。快缩白肌容易使乳酸堆积，如果不及时排出乳酸，最终会导致肌体疲劳。

快缩红肌同时具备慢缩红肌和快缩白肌这两种肌肉类型的优点，既可进行有氧运动，也可进行无氧运动。但应该注意的是，两类骨骼肌纤维拥有不同的特性。一般来说，人体骨骼肌用力时，如果用力的方式较为轻微，则仅有慢缩红肌参与收缩、产生力量；随着骨骼肌用力强度的增加，快缩红肌也会参与收缩用力；只有骨骼肌的用力强度达到最大时，快缩白肌才会参与收缩用力。但是，体育锻炼可以改变骨骼纤维的特性。因此，耐力素质训练可以使快缩红肌呈现更多的慢缩红肌特性。表1-1对各类骨骼肌纤维的特性做出了详细说明。

表1–1 骨骼肌纤维的特性

纤维特性	慢缩红肌	快缩红肌	快缩白肌
有氧能力	高	中等	低
糖酵解能力	低	高	最高
收缩速度	慢	快	快
疲劳阻力	高	中等	低
肌红蛋白含量	高	高	低
糖原含量	低	中等	高
颜色	红色	泛红白色	白色

1.2.3 骨骼肌纤维分布

每个人体内的快肌纤维和慢肌纤维的数量都是天生的，所有正常的骨骼肌内都含有这三种纤维。但是，这些纤维的具体分布却因人、因肌肉组织而异，哪怕是在同一个人的体内，不同的肌肉组织也有着不同的纤维分布。**体能训练可以转换肌肉纤维类型，可以通过耐力训练和爆发力训练提升快肌纤维和慢肌纤维的代谢能力**。需要注意的是，训练效果不仅受到体内肌肉纤维分布的影响，而且还受到具体训练情况和饮食等其他因素的制约。图1–1总结了不同运动员的慢肌纤维分布与最大摄氧量的情况。

如图1–1所示，与短跑运动员和摔跤运动员相比，平时经常参加耐力性运动的人体内含有较高水平的慢肌纤维。图1–1向我们展示了这些人群的最高有氧代谢能力情况：体内慢肌纤维含量越高的人，有氧代谢能力则越强。请注意，在业余运动员中，情况略有差异。专项体育训练会改变运动员体内的骨骼肌纤维分布及其特性。

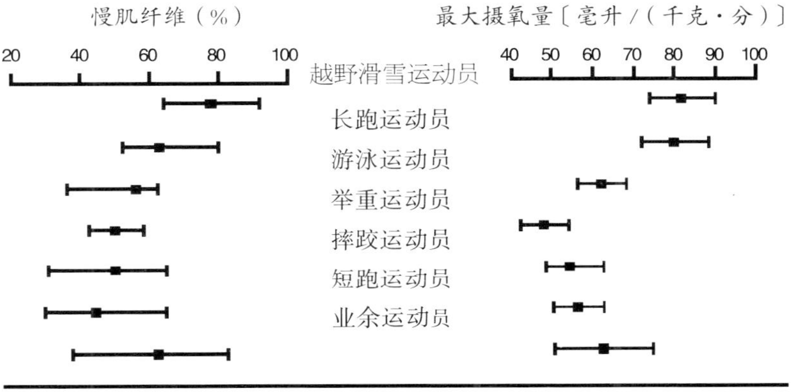

引自《运动生理学：能量营养与人类行为表现》第四版。

图1–1　不同运动员的慢肌纤维分布与最大摄氧量

1.3 体能训练原则

体能训练的目标是提高体能水平。每个下定决心进行体能训练的人都有独特的身体素质。本节将讨论适用于各种体能训练的四个原则。

1.3.1 适宜负荷原则

人体必须在一定强度的刺激之下才能提高机能，因此，训练者必须进行比平时强度更大的体能训练，才能使身体逐步适应强化训练。身体适应较高强度的运动后，才能有效地提高身体机能。**训练者可以通过反复训练、增大运动强度、延长运动时间等途径进行负荷训练。**这些途径可以明显提高跑步、游泳和骑自行车的训练效果，而增大阻力和反复训练则可以显著提高力量素质训练的效果。

1.3.2 专项训练原则

专项训练原则指的是通过特定的体育运动项目来改善人体相应的代谢机能和生理机能。例如，跑步可以提高身体素质，但不能提高游泳水平，反之亦然。因此，训练者想要取得良好的训练效果，必须明确特定的专项训练项目来提高相关的肌肉机能。

1.3.3 区别对待原则

运动训练效果因人而异。训练者应该根据个体的身体素质差异选择适当的训练内容，制订相应负荷的训练计划。

1.3.4 停训与体能下降原则

定期训练是保持体能的前提条件。训练停止一两周后，原先获得的锻炼效果会逐渐消退，本章的稍后部分将会对这个问题做详细论述。

根据特种作战的属性，海豹突击队队员必须全面提高体能素质：力量、速度、灵敏、耐力素质等。因此，FITT〔Frequency（频率）、Intensity（强度）、Time（时间）、Type（类型）〕原则在体能训练中发挥了重要作用，训练者必须按照这些原则进行训练。

FITT原则将帮助训练者收获最佳的锻炼效果。交替训练中，训练者要充分考虑运动强度、运动量和运动持续时间这三个要素。

1.4 如何测定训练心率

本节主要讲解如何测定训练心率。测量心率是测定运动强度较为简单、便捷的方法，通过测量心率，可以检验运动时的心率是否在目标心率范围内。这里的运动强度指的是运动的激烈程度。如果在健身房健身，健身器材可以控制运动强度。

在颈动脉或腕动脉处测量15秒的脉搏数，然后乘以4，这样就能得到1分钟的心跳次数（心率）。将这一数值与你的目标心率比较，如果所得的数值偏低，则需提高运动强度；反之，则需降低运动强度。

为了保持有氧代谢能力，运动强度需在中等或以上强度，体能训练目标心率计算方法：即最大心率（Max HR）的70%~90%。

请注意：这只是最大心率的一个估算值。

由于个体的生理差异和身体素质差异，实际最大心率应该高于这个估算值。但是，国际通常使用这一方法测算最大心率。

每分钟的最大心率＝220－年龄

用所得的数值分别乘以0.7和0.9，这样就可以得到目标心率范围。进行体育锻炼时，你的心率应该处于这个区间。表1-2教大家如何运用这个方法确定自己的目标心率范围。

表1–2 目标心率计算样表

测量目标心率的方法
以一名22岁的海豹突击队队员为例： 最大心率＝220 － 22＝198次/分 目标心率最小值＝0.7×198≈139次/分 目标心率最大值＝0.9×198≈178次/分

注：次/分是每分钟的心跳次数。

你可以通过上面这个方法或图1–2中的方法计算自己的最大心率。请注意一点：在游泳和手臂锻炼中，目标心率的最大值通常偏低，如果进行此类训练，请将最大心率减去13。表1–3给出了具体算法。

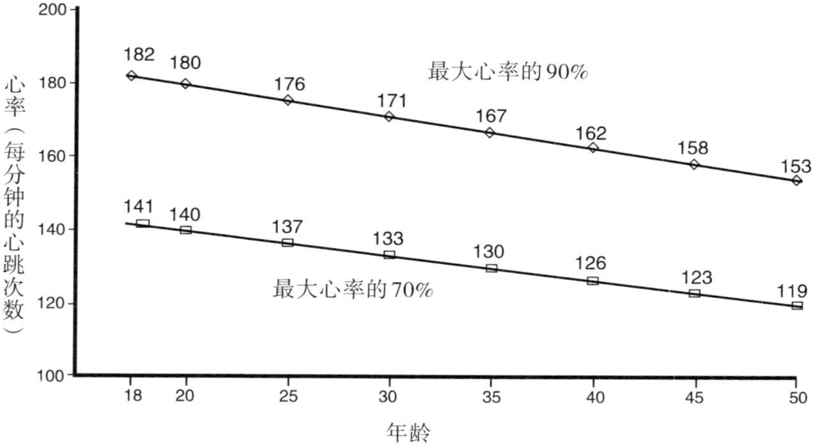

图1–2 目标心率范围

表1–3 游泳目标心率计算样表

一名22岁的海豹突击队队员想以70%的运动强度进行游泳训练
他的最大心率=（220 − 22）− 13 = 185次/分
70% × 最大心率 = 0.7 × 185 ≈ 130次/分

1.5 运动时骨骼肌的三大供能系统

在阐述体能训练方法之前，我们先来讨论一下骨骼肌的三大供能系统。这三个供能系统都非常重要，它们为运动的肌肉提供能量。运动类型不同，其主要供能系统也不同。

1.5.1 速度运动中的磷酸原供能系统

在运动过程中，物质代谢伴随着能量转化，而由于ATP是运动时人体肌肉收缩的直接能源，所以，能量的释放与利用是以ATP为中心的。ATP是肌肉运动时将化学能量转化成机械能量的唯一直接能源。运动时，ATP转化率大大加快，与运动速度成正比。但是，骨骼肌中ATP的含量很少，只能维持很短时间的最大强度运动。ATP释放能量时，它们就转化成腺嘌呤核苷二磷酸（ADP），为了使ADP二次合成ATP，为肌肉提供更多的能量，就需要磷酸肌酸（CP）来促成二者的转化。因此，激活CP的途径尤为重要。没有CP，ADP就只能为肌体提供几秒钟的能量，而在CP的“帮助下”，磷酸原（ATP–CP）供能系统能提供30秒的能量。因此，速度运动中的ATP–CP系统，又称磷酸储能池，为肌肉收缩提供即时的无氧能量。

$$\text{ATP} \longrightarrow \text{ADP} + \text{磷酸} + \text{能量}$$

$$\text{ADP} + \text{CP} \longrightarrow \text{ATP} + \text{肌酸}$$

1.5.2 无氧运动中的供能系统

无氧运动中的供能系统叫作糖酵解和磷酸原（ATP-CP）混合代谢功能系统。该供能系统是一个过渡系统。

剧烈运动持续30分钟以上时，葡萄糖是唯一能向肌肉提供ATP的物质。肌肉通过糖原获得葡萄糖，葡萄糖或糖原在肌肉中无氧分解成乳酸，并合成ATP释放能量的过程，称为糖酵解。运动过程中，骨骼肌依靠糖酵解供能和利用的过程，称为糖酵解供能系统。然而，葡萄糖在转化成ATP的过程中会产生乳酸。正常情况下，血液和肌肉中只含有微量乳酸，当乳酸在肌肉和血液中聚积时，肌肉就会感到疲劳，除非乳酸被及时排出体外。人体之所以能够及时排出乳酸，是因为肌肉进行了氧化代谢，为肌体提供了能量以维持运动。如果继续进行剧烈运动，三五分钟后肌肉必然会感到疲劳。

1.5.3 有氧运动中的供能系统

有氧运动中的有氧代谢供能系统为长时间、稳定、持续的运动提供能量，例如，长跑、游泳等体育项目。肌肉可以通过葡萄糖和脂肪酸获得能量，肌肉本身可以储存这些糖原，也可以通过血液循环获得这些能量源。葡萄糖以糖原的形式储存在肌肉中，而脂肪酸以甘油三酸酯的形式储存在肌肉中。当肌体进行长时间的慢速运动时，甘油三酸酯将取代葡萄糖为肌肉提供能量。

在不同类型的体育项目中，这三大能量转化系统会在不同的时间发挥不同的作用。它们在能量代谢过程中产生的能量多少与运动时间、运动强度和运动类型有关。

总体而言，高强度、时间短的运动项目，主要靠无氧代谢获得能量。表1–4总结了三大供能系统在各类体育活动中的应用。

表1–4 三大供能系统在各类体育活动中的应用

体育活动	磷酸原供能系统（%）	无氧供能系统（%）	有氧供能系统（%）
马拉松	—	5	95
划船	20	30	50
100米跑	98	2	—
1600米跑	20	55	25
4800米跑	10	20	70
9600米跑	5	15	80
滑雪	80	20	—
越野滑雪	—	5	95
50米游泳	98	2	—
100米游泳	80	15	5
200米游泳	30	65	5
400米游泳	20	40	40
1500米游泳	10	20	70

1.6 体能训练的技巧和方法

大多数人认为，体育运动要么是单纯的有氧运动，要么是单纯的无氧运动，非此即彼。其实不然，很多体育运动是二者的结合体。例如，在1500米田径赛中，起跑和冲刺阶段是无氧运动，而中间阶段则是有氧运动。运用恰当的体能训练技巧，可以提高机体的有氧代谢能力和无氧代谢能力。表1–5列出了三大代谢系统在体能训练方法中的应用，下面我们就来讨论一下哪些技巧可以提高体能素质，以及如何运用这些技巧。

表1–5　三大代谢系统在体能训练方法中的应用

训练方法	磷酸原系统（%）	无氧代谢系统（%）	有氧代谢系统（%）
间歇训练法	10~80	10~80	10~80
短跑训练法	90	6	4
加速跑训练法	90	5	5
短跑中的间歇训练法	20	10	7
法特莱克训练法	20	40	40
持续训练法	2	5~8	90~93
重复跑训练法	10	50	40

注：对于不同的间歇率、间歇性训练距离、间歇类型和重复次数，比例略有不同。

1.6.1 间歇训练法

间歇训练法是指体育训练和休息交替进行的一种训练方法。通常采用积极性休息，如慢跑、走路等放松训练。根据不同的训练需要，设定不同的训练时间、运动强度、重复次数，以及休息时间和积极性休息的运动类型。间歇式训练有助于运动员提高运动强度。通过不同类型的间歇训练，可以提高机体的速度运动、无氧运动和有氧运动的能力。

1.6.2 短跑训练法

短跑训练法有助于提高速度素质和肌肉力量素质。需要训练者以最快速度反复进行加速跑训练。通常情况下，起跑6秒后可达到最快速度，也就是起跑55~60米后才能达到最快速度。

1.6.3 加速跑训练法

加速跑训练法有助于提高速度素质和力量素质。其具体做法是从慢跑到大步跑、再到冲刺的1组训练，然后进行1组走路的放松训练，重复进行训练。跑步距离可以设定成50~100米，例如可以依次进行50米慢跑、50米大步跑、50米冲刺、50米走路放松训练。

1.6.4 短跑中的间歇训练法

短跑中的间歇训练法是指经过45~55米短跑训练后，交叉进行55~65米的慢跑放松训练，然后再进行短跑训练，这样进行总长

4800米的反复训练的一种训练方法。间歇短跑训练法有助于提高有氧代谢能力。

1.6.5 法特莱克训练法

法特莱克训练法中的“Fartlek”在瑞典语中是“加速跑”的意思。这种加速训练包括在平地和坡道进行的快跑和慢跑交替训练。与间歇训练法不同，法特莱克训练法不包含专门的放松训练和专项训练。例如，你对朋友说：“你看见那个公车站了吗，咱们来比比，看谁先到那里。”然后你们便以最快的速度跑到那个站牌，到达终点后，又往前跑了几步，但是这几步的速度明显慢于之前的速度。换句话说，在这个训练中，并无预先设计好的跑步速度。这种训练方法非常适合常规健身，可根据自身需要自行调整训练强度。

1.6.6 持续训练法

持续训练法是指负荷强度较低、负荷时间较长、无间断地连续进行训练的一种训练方法。通常用于发展耐力素质，如长跑或户外游泳等耐力性运动。运动员既可进行慢速持续训练，也可进行快速持续训练。持续训练法可以有效地提高有氧运动的供能能力，以及在该供能状态下有氧运动的强度。

1.6.7 重复跑训练法

重复跑训练法和间歇训练法相似，不同点在于每小组的跑步距离较长，通常在800~3200米。间歇休息时，在心率低于每分钟120

次或者低于最大心率的60%后，才开始进行重复训练。

1.7 体能训练与停止训练

体能训练（Conditioning/Training）会提升体能水平，而在停止训练（Deconditioning/Detraining）后，体能水平会有所下降。然而，体能训练是一个循序渐进的过程，大概需要6周才会出现明显的训练效果；而停止训练则在相对较短的时间内就能使体能水平下降。表1–6是体能训练效果表，显示了体能训练后人体的代谢指标变化和心肺指标变化。

表1–6 体能训练效果表

代谢指标变化	心肺指标变化
ATP、CP、糖原水平↑	血容量↑
无氧酵素水平↑	规定运动后的心率↓
溶解血乳酸的能力↑	每搏输出量↑
肌肉含氧量↑	从血液中吸氧的能力↑
有氧酵素水平↑	血压得到改善
燃烧脂肪的能力↑	抗热运动能力↑

停止训练后，体能水平将会在1~4周内出现下降。体能训练后，人体的代谢能力、心肺功能和肌肉酵素水平都有显著提高，然而，训练停止后，已经提高的体能素质又会下降。停止训练对体能的影

响主要包括以下几点。

① 降低有氧代谢能力——运动后心率增大，单侧心房泵血量减少。

② 运动中，加速血乳酸聚积，引起肌肉过早疲劳。

③ 降低主要肌肉酵素水平（酵素控制肌肉最大限度地获得能量）。

④ 减少肺呼吸量，导致运动中肌肉可获得的氧气量变少。

⑤ 降低耐力——抗疲劳时间缩短。

⑥ 降低运动过程中消耗热量的能力；降低在艰苦环境中（如高温环境）的运动水平。

停止训练后，为了不让体能消退，有必要继续训练，以保持已经提高的体能素质。然而，在减少训练量和训练时间的情况下，可以通过维持正常训练的强度保持体能水平，避免体能消退。每周按正常强度进行两三次体能训练，可以保持有氧能力和抑制乳酸堆积的能力。每周进行一两次力量专项训练，可以维持力量素质。

1.8 积极性恢复

积极性恢复是指在日常训练结束后，继续进行小幅或中幅（最大心率的30%~50%）的放松训练。例如，跑步训练结束后，应该继续走5~10分钟。

02

军事体能训练

海豹突击队体能训练的主要目标是最大限度地提高队员的体能水平和战斗力，保证他们能够顺利完成军事任务。海豹突击队的体能训练计划必须涵盖所有的特种作战任务，对其进行专项训练。因此，首先要明确这些特种作战任务及其相应的专项训练。明确专项训练的目标十分重要，例如，马拉松运动员的训练目标是在最短的时间内跑到终点，他的首要目标是最大限度地提高下肢的有氧耐力，所有训练必须服从这一主要目标。同样，皮划艇运动员通过上身的极限训练将自己的有氧耐力提升至最佳水平。而举重训练则恰恰相反，优秀的举重运动员很少甚至不会突出耐力训练，他们都在竭尽全力地提高自己的力量素质。

什么是特种作战任务?

以骑自行车为例做个简单介绍。骑自行车是一种剧烈有氧（或者是无氧）运动，可以有效地增强心肺功能，但是，海豹突击队的队员不会骑自行车去执行任务，也不会有军事任务要求他们骑行40千米。因此，他们会穿着脚蹼进行3200米的游泳训练，因为这同样可以有效地提升心肺功能，而且更接近特种作战任务的需要。

尽管骑自行车训练能够有效提高海豹突击队队员的心肺功能，但对特种兵来说，这并不是理想的训练项目。当两种训练项目的目标锻炼肌肉不尽相同时，两者之间的体能素质不会自行转化，在其中一项训练中表现出色并不会提高其他肌群的能力。如果队员平时通过长跑或骑自行车锻炼耐力，那么他们在长距离游泳时会经常出现肌肉疲劳或腿部抽筋的现象。因此，训练计划必须包括一些游泳训练项目。除此之外，队员必须定期穿潜水衣和脚蹼进行游泳训练，防止他们在日后执行任务时无法忍受湿疹、水泡带来的疼痛。因此，进行特种作战任务专项训练是必经之路。

游泳并非是唯一的军事训练项目。本章的目的是阐述与特种作战任务相关的训练项目，以及如何制订与之相关的体能训练计划。**军事体能训练准则同样适用于日常体能训练。**

2.1 特种作战的日常军事训练

海豹突击队日常训练包括哪些项目呢？表2–1总结了海豹突击队体能训练项目，下文将对这些项目做简单介绍。

表2–1 海豹突击队体能训练项目

项目种类
小分队巡逻
快艇突击
战斗潜泳
海豹运输艇（SDV）与甲板登陆演习
城市作战演习
冬季作战演习

2.1.1 小分队巡逻

几乎所有的海豹突击队队员在陆地作战行动时都需要一种技能，即全副武装负重长途行军的能力。他们通常要携带两种武器和弹药，没人会确切知道某个特种任务需要多少弹药，所以，在这个训练项目中，队员要背负大量弹药进行负重训练。而且，他们携带的往往是易爆弹药和特殊装备。队员还必须携带水，如果是连续作战，他们还要携带口粮。特种兵背负的重量上限通常为32~36千克，一般不会超过这个重量。

负重训练需要走多远呢？没有特定的距离作为训练上限，根据地形的行走难度，某些作战任务通常要求队员在24小时内走完16~32千米。长距离负重行走本身就极具挑战性，而由于训练场景的不同，有时还要求队员快速奔跑，甚至攀越围墙、篱笆等障碍物。

背负伤员训练是海豹突击队队员最重要的体能训练项目之一。

运送伤员也是一个重要的常规训练项目。他们需要把伤员背送到指定的安全区域，那里有专业医疗设施救治伤员。此项训练不同于一般的负重长途训练，伤员不同于一般的枪械装备，而且其体重往往超过一般的枪械弹药重量。

穿着短裤、跑鞋长跑有助于提高心肺功能和耐力，但不足以提高负重能力。同样，一定的仰卧举重锻炼也不能确保完成负重长途行军。此外，举重训练还可能导致骨骼损伤和长水泡等问题，而特种训练则需要避免这些损伤（或使损伤风险降至最低）。

2.1.2 快艇突击

快艇突击演习的特殊环境要求队员有超强的体能。这类训练往往在波涛汹涌的海域进行，要求队员长时间在疾驰的快艇上进行跳跃训练。该训练要求队员的膝、肘、肩和踝关节有极强的稳定性，这种稳定性可以最大限度地降低其骨骼损伤的风险。因此，关键是提高肌肉力量和耐力素质。

2.1.3 战斗潜泳

海豹突击队的起源可追溯至第二次世界大战时期的侦察与突击部队（S&R）和海军战斗爆破队（NCDUs），所以，战斗潜泳作为一项重要的海军特殊军事任务，并不足为奇。根据不同的作战需要，这项任务短则需要1~2小时，长则需要8~10小时；有时需要队员在水面游泳，有时则需要队员带着德尔格LAR-V或MK-16潜水装置进行潜泳。这类军事任务通常在水温很低的水域进行，因此，保持体温是重中之重。在水下执行任务时，经常需要队员迅速找出作战目标，而这些目标通常氧化速度很快，所以必须尽快拖出目标，完成作战任务。有些任务需要队员游出水面，通过登乘梯或缆绳爬到敌军的船上。这类军事训练往往难度较高：一是要求队员有较高的抗低温能力——在冰凉的水底潜泳时，手臂容易抽筋；二是要求队员有较强的力量素质，队员能携带武器、弹药和其他爆破设备爬到船上。**经常进行冷水训练有助于提高身体的抗低温能力。**此外，在攀船训练中，臂力和腿力都很重要。**爬缆绳和梯子时，握力尤为重要。**爬缆绳可以充分锻炼臂部和腿部的肌肉，有助于攀船训练，队员平时要多进行爬绳训练。

海豹突击队战斗潜泳的一个基本训练项目是穿着潜水脚蹼游泳。虽然不穿脚蹼游泳更能提高心肺功能，但是并不适合海豹突击队的作战需要。必须注意的一点是，速度训练有助于水上作战项目，但不适用于潜水训练项目，因为高速潜泳会降低LAR-V潜水设备的功效，也容易导致队员中枢神经系统氧中毒①。

高频水下训练会增加潜水员过度吸氧的风险。

① 氧中毒是指机体吸入高于一定压力的氧一定时间后，某些系统或器官的功能与结构发生病理性变化而表现出的病症。——译者注

2.1.4 海豹运输艇（SDV）与甲板登陆演习

这类军事演习的基本训练项目是战斗潜泳，但是，大部分军事任务都由海豹运输艇完成。军演通常比自由潜水训练项目耗时更长。海豹运输艇驾驶员必须具备和战斗潜泳队员一样的作战素质，而且还必须有更强的臂力，这种超强臂力有助于其甲板登陆、击退敌兵。

2.1.5 城市作战演习

海豹突击队队员有时需要在城市里直接执行军事任务。尽管很难概括出城市作战任务所需的具体作战素质，但是大概有如下三个特点：首先，与其他野外作战相比，步行里程相对较短；其次，执行这类任务时，不需携带过多的军需物资，如水和口粮等，因为市内交通方便，军事补给也较容易，但是，必须携带足量的武器和弹药；最后，城市作战对队员的专项体能素质要求较高，队员必须有较强的短跑、攀爬素质；此外，队员还要有一定的负重作战能力，有时他们需要背负受伤的战友。

2.1.6 冬季作战演习

冬季作战往往需要队员在雪地里长途跋涉，有时他们还需要携带笨重的滑雪装备和军事装备长途行军。与普通的长跑和徒步行军相比，执行这类军事任务是不同的肌肉组织发挥作用。并非所有的海豹军事训练都包含这个训练单元，但是像冬季作战等特殊军事任务就需要负重滑雪训练和雪地负重训练。

2.2 特种作战专项体能训练

1990年初，美国海军健康研究中心为了明确海豹突击队执行军事任务时所需的体能素质要求，针对每项军事任务、每个军事训练项目，以及完成任务和训练所需的体能素质做了专项调查。

该项研究抽样调查了82名海豹突击队队员，他们的平均军旅生涯为11年。研究小组制定出一份调查问卷，其中包含了海豹突击队的基本军事任务及相关军事体能训练，例如快速攀爬绳索登上12米高的甲板，进行23千克的负重训练等问题。被调查的队员需要从三个方面——执行难易程度、执行频率、这些训练对于顺利完成军事任务的重要性——对问卷中的问题进行分级。然后，把每个等级所得的小分加到一起，得出问卷总分。得到最高分的军事任务如下。

① 21℃的气温下，夜间背负57千克的装备进行15千米的越野负重训练，到达终点后原路返回会合点。

② 作为一个军事任务中的关键士兵，背负27千克的军需物资和装备，在高温、高湿度的热带雨林里于3天内完成42千米的徒步行走。

③ 配备德尔格潜水设备，携带水下爆破装置在13.3℃的水下潜泳2千米，将爆破装置安装好后，游6千米返回会合点。

④ 穿着潜水服，佩戴面具、脚蹼，携带德尔格UBA呼吸机在21℃的水下潜游3小时，突袭目标船只。

⑤ 将一艘满载的F470运输艇拖拽到50米外的岩石海滩上，再和5名海豹突击队队员、3名战艇驾驶员一起将所有的装备、物资运送到200米以外的岩滩上，为大部队做好登陆

准备。

⑥ 和另外一名海豹突击队队员一起，将77千克重的受伤战友运送到70米外的基地。

接下来，研究小组将这些任务制成第二份调查问卷并发到每位受访队员手中，他们需要回答的问题是：“**每项训练需要哪些体能素质？**”表2-2总结了特种作战任务及相关体能素质要求，表2-3总结了特种作战任务及体能训练方法。

表2-2 特种作战任务及相关体能素质要求

作战任务	作战素质	体能素质要求
小分队巡逻	全副武装快速短跑 快速爬绳 负重训练 长途行军 快速登陆 背负伤员 攀岩	腿部耐力 肩/臂力 肩/臂耐力 上身背部力量 握力
战斗潜泳	爬梯 水下潜泳 游泳	肩/臂力 腿部耐力 握力
海豹运输艇（SDV）与甲板登陆演习	水下潜泳 重型装备的运输 握力训练	腿力/腿部耐力 肩/臂力

续表

作战任务	作战素质	体能素质要求
城市作战演习	肩部背负伤员 攀爬建筑物 携带装备长/短跑 爬楼梯	肩/臂力 腿力/腿部耐力 握力
快艇突击	高速行驶下关节的稳定性训练 长时间的运输	肩/臂力 肩/臂耐力 腿力/腿部耐力 握力
冬季作战演习	全副武装雪地徒步行军 佩戴装备滑雪	上背部力量 上背部耐力 腿力/腿部耐力 背/肩/臂力 背/肩/臂部耐力 握力

表2–3 特种作战任务及体能训练方法

体能训练项目	体能训练方法
全副武装快速短跑 负重训练 长途行军 快速登陆 背负伤员 全副武装翻越障碍物	跑步/间歇性训练 举重训练 增强式训练 负重越野行军 握力训练

续表

体能训练项目	体能训练方法
快速爬绳 爬梯 攀岩 攀爬建筑物	握力训练 爬绳训练 挤压网球训练 举重训练 障碍训练
穿着脚蹼游泳 水下潜泳/负重游泳	水上游泳训练 水下潜泳训练
雪地徒步行军 配备装备滑雪	越野滑雪训练 长跑训练 负重越野训练 举重训练
高速行驶中关节的 稳定性训练	举重训练 握力训练

海豹突击队体能训练包括上身、下身的全部体能素质训练，即上身和下身的耐力素质、灵敏素质、力量素质的训练。

有些特种军事任务同时包含几种训练项目，所以，相关军事体能训练计划需要提高所有的相关体能素质。

03

心肺功能训练

美国运动医学学院和疾病预防与控制中心面向公众出台了一项新的健身指南，该指南建议：每个成年人每周都应该进行30分钟以上中等运动强度的健身活动，而且最好是每天都能健身。所谓“中等运动强度”是指3~6代谢当量的运动，或者相当于速度4.8~6.4千米/时的快速走路运动。该指南不仅强调增加健身时间的重要性，而且还指出间歇进行中等强度体育锻炼的重要性。该指南的首要目标是提高心肺功能，因为较强的心肺功能是保持健康、预防疾病的前提条件。然而，海豹突击队队员和专业运动员需要强度更大的体能训练指南。本章我们主要讨论以下三个方面的内容：

① 心肺功能的基本概念；

② 如何测量最大有氧代谢能力；

③ 有氧运动分类和基础训练强度。

第一章已经阐述了大部分心肺功能的相关概念和专业术语。本章将对其他替换性术语做进一步介绍。尤为重要的一点是：通过心肺功能训练，可以全面提高人的身体素质和生理机能。

3.1 心肺功能

心肺功能训练包括有氧运动和无氧运动。有氧运动指的是肌肉在供氧充足的条件下进行的运动，而无氧运动则指的是肌肉在缺氧条件下进行的爆发性运动。正常情况下，日常生活中的绝大多数运动都是有氧运动，通过锻炼提高骨骼肌的输氧功能，可以提高其生理机能。影响肌肉使用氧气的因素如下：

① 肌肉的体内呼吸功能，血液向肌肉提供和输送氧气的能力；

② 肺部向血液输送氧气的能力；

③ 心脏加速跳动和提高每搏供血量的能力；

④ 骨骼肌内及周围血管控制血流的能力；

⑤ 肌肉收缩与放松时消耗、利用氧气的能力。

上述因素不仅决定人体的最大有氧代谢能力，而且还决定维持极限运动水平的能力，因此它们都极为重要。当然，基因遗传因素和骨骼肌纤维分布情况也会影响最大有氧代谢能力，有些人天生就有较高的有氧代谢能力，而有些人的有氧代谢能力天生就不高。但是，只要选择正确的心肺功能训练方式，每个人都可以提高自己的有氧代谢能力。

3.1.1 体能训练相关术语

有很多术语可以定义、描述体能训练和运动强度，这里先介绍衡量运动强度的两个最常用指标：最大摄氧量和能量消耗（能量消耗的单位为卡路里/时或千卡/时）。本章后半部分将对其他相关术语做详细讨论。

最大摄氧量

最大摄氧量（VO2max），也称“最大吸氧量”“最大耗氧量”，是指当人体进行最大强度的运动，机体无力支撑接下来的运动时，单位时间内（通常是分钟）所能摄入的氧气含量。作为耐力运动员的重要选材依据之一，它是反映人体有氧运动能力的重要指标，高水平最大摄氧量是高水平有氧运动能力的基础。通常最大摄氧量用升（氧气）/分、毫升（氧气）/分或者毫升（氧气）/（千克·分）来表示。

最大有氧代谢能力和最大摄氧量是无疲劳感维持极限体育运动的最佳指标，是制定运动强度的依据。

通常，成年人的最大摄氧量值从30毫升/（千克·分）到80毫升/（千克·分）不等，其中最低值为亚健康人群的最大摄氧量，最高值为优秀耐力运动员的最大摄氧量。假设有一个身体不健康的成年人和一个优秀的耐力运动员的体重均为70千克，前者的最大摄氧能力为2.1升/分，后者的最大摄氧能力为5.6升/分。

每分钟消耗1升（氧气）相当于消耗5千卡能量。

如上所述，一个不健康的人每分钟只能消耗约10千卡热量，然而，身体素质高的运动员每分钟却能消耗28千卡热量。如果一个体育项目需要2升/分的最大摄氧量，那么就相当于每分钟消耗10千卡热量，剩余能量消耗不足1千卡/分，考虑到体重因素，剩余能量消耗为：

3.5毫升（氧气）/〔千克（体重）· 分钟〕

因此，对于一名体重为70千克的海豹突击队队员而言，休息时的能量消耗大约为245毫升/分（3.5 × 70）或者0.245升/分，相当于每分钟消耗1~1.25千卡的热量。

无氧代谢能力

一个人在缺氧条件下能进行多久的剧烈运动？大多数人只能坚持几分钟。请注意一点，绝大多数人都不可能长时间维持90%最大摄氧量的有氧运动。这是因为肌肉在运动时，无法从血液中吸取氧气、获得所需能量，此时，供能系统由有氧代谢系统转为无氧代谢系统，这个临界点叫作无氧阈，血乳酸是判定无氧阈的指标。当然，人体本身知道血乳酸何时“超标”，因为当体内血乳酸聚积到一定水平后，必须降低运动强度，否则身体将精疲力竭，不能保持原先的速度。

无氧阈值的大小因人而异，通常是在最大摄氧量（VO_{2max}）的60%~100%。所有海豹突击队队员的无氧阈都在最大摄氧量的70%以上，他们都能以70%最大摄氧量的运动强度长期作战。海豹突击队体能训练计划的目标是最大程度地提高队员的无氧阈，只有这样，他们才能符合更高水平的军事作战需要。

间歇式训练有助于提高人体的抗乳酸能力，提高无氧阈和有氧代谢能力。

3.1.2 如何测定运动强度

心肺功能训练的一个重要指标就是运动强度。运动强度是指身体运动对人体生理的刺激程度，通常用最大有氧代谢能力（最大摄氧量）的百分比来衡量。例如，50%的最大有氧代谢能力（或最大心率）的运动为低强度运动，70%的为中等强度运动，90%的为剧烈运动。可以通过如下方法测定最大有氧代谢能力，20~29岁海豹突击队队员最大摄氧量的平均值为55毫升/（千克·分），平均每分钟心率为200次。

表3-1以一名20岁的海豹突击队队员为例，阐述运动强度、最大摄氧量、心率之间的相互关系：他的最大摄氧量为55毫升/（千克·分），心率为200次/分；进行低强度运动时，他的摄氧量为25~30毫升/（千克·分），心率约为130次/分；而进行剧烈运动时，他的心率为180次/分左右。确定训练的运动强度之前，首先要测算出最大摄氧量和最大心率。

表3-1　运动强度、最大摄氧量、心率的关系

运动强度（最大摄氧量的占比）	摄氧量［毫升/（千克·分）］	心率（次/分）
100%：极限运动	55	200
90%：剧烈运动	50	187
70%：中等强度运动	39	160
50%：低强度运动	28	131

3.1.3 训练效果的影响因素

体能训练、日常健身的常用术语包括运动持续时间、运动频率、运动强度。要想提高训练效果、降低训练损伤风险，训练者应根据项目特点及自身条件，制订不同的训练方案，在运动持续时间、运动频率、运动强度方面的侧重点应有不同。主要有以下五个因素影响训练效果、有氧代谢水平：

① 训练者本身的有氧代谢功能；

② 运动持续时间；

③ 运动频率；

④ 运动强度；

⑤ 遗传因素。

下面介绍几个体能训练的基本原则，训练者应结合自身情况，制订符合自己的训练计划。

① 有氧训练通常与运动强度和训练类型密切相关，与运动频率的关系不大，但是建议每周至少锻炼3次（3天）。

② 每周间歇训练或隔周间歇训练可以有效提高有氧代谢能力，最高可提高至85%的最大摄氧量或最大心率的90%。

③ 心率提高到最大心率的70%以上时，有氧能力将大幅提高。

④ 较长的运动持续时间可以弥补较低运动强度的缺点。

⑤ 游泳等上肢训练的最大心率低于下肢或全身训练。因此，进行游泳等上肢训练时，训练心率（THR）可以比跑步、骑车等下肢、全身的训练心率低。

⑥ 不能通过最大摄氧量来确定最高运动持续时间。

3.1.4 积极性恢复

任何项目的训练计划都应该包含热身运动、放松运动和伸展运动，它们是训练计划不可缺少的部分，发挥着重要的作用。放松运动又称积极性休息，之所以重要，是因为它决定了运动几小时后的人体感觉。恢复包括积极性恢复和消极性恢复两类。消极性恢复，也就是单纯的休息，多年前一直倡导这种恢复方式，现在也可用于强度在50%最大摄氧量以下的低强度运动。在强度超过60%最大摄氧量的运动训练后，积极性恢复有利于消除血液中聚积的乳酸，能有效预防肌肉痉挛、肌肉结块，还可以为下次的体育锻炼保存实力。

积极性恢复指的是在剧烈运动后，进行5~10分钟的30%~50%最大摄氧量的放松运动。

积极性恢复中的温和有氧运动，可以有效分解血液中聚积的乳酸。

3.2 测量最大有氧代谢能力

运动测试（Exercise Test）是测量心肺功能的常用手段。测量心肺功能和有氧呼吸能力的方法目前可分为两种：递增负荷方式和恒定负荷方式。递增负荷方式是指在测试过程中，在每个预设时间段内，逐步增加相同运动负荷的测试方法。恒定负荷方式是指在实验过程中，在相同的极限运动下对运动负荷进行测试的方法。特定运动负荷水平时的心率可用于测量最大心率。尽管在跑步机上测出的最大心率最为精准，但骑车测试法是最便捷的手段。如果测试者有一辆自行车，就可以通过递增负荷的方式测量自己的最大心率。当然最好有一台心率监测器用于测试，如果没有，也可以自己通过测量脉搏计算最大心率。

3.2.1 单车测量法

单车测量法是一种递增负荷的方式，具体包含4个步骤，每一个步骤持续2分钟。当然，你也可以根据自身情况，逐步增加运动负荷，将实验步骤增至5~6个。如果自行车有转数设定器，请将转数设为60转/分。自行车的正常行驶速度为70转/分，所以这个速度看似较慢，但是为了达到预期的实验效果，请务必设置成这个速度。无论使用何种自行车，请注意设定运动强度（千卡/时）的方法。

3.2.2 测试步骤

调好座位的高度和车把的位置，最好使用心率测试器，然后以适当的速度开始骑车（详见表3-2）。注意确认自行车是否能够承受你的体重。几分钟热身运动结束后，开始第一组测试：运动强度控制在450千卡/时（±25千卡/分），2分钟时间测试心率，第一组测试到此结束。然后进入第二组测试：运动强度控制在550千卡/时，以这个强度骑2分钟，再次记录心率。以此类推，第三组和第四组测试的运动强度分别为650千卡/时、750千卡/时。需要注意每组测试时间均为2分钟；热身运动之后，4组测试的总时间不可超过8分钟。

在每一组测试结果后，用自行车测心率记录表（表3-3）记录心率。

记录心率时不可以停止骑车。

表3–2　各实验步骤的运动强度

实验步骤	运动强度
0	热身运动
1	450千卡/时
2	550千卡/时
3	650千卡/时
4	750千卡/时

表3–3　自行车测心率记录表

姓名：	年龄：	
体重（千克）：	理论最大心率：	
实验步骤	运动强度	心率
1	450千卡/时	
2	550千卡/时	
3	650千卡/时	
4	750千卡/时	

3.2.3 如何测算最大摄氧量

每一阶段的能量消耗不同，相应的心率图也不尽相同。理论最大心率＝220–年龄，将自己的心率测量值标在图3–1中相应的位置，画出自己的心率图（每一阶段应该是比较平稳的直线）。在该曲线上继续画出理论最大心率，这里算出的最大摄氧量的单位为升/分，然后再除以体重。假设你的最大摄氧量为4.2升/分，体重为85千克，那么你的正常摄氧量为4.2升/分÷85≈49毫升/分。通过正常摄氧量，可以和其他同龄人比较自己的有氧呼吸能力（见表3-4）。以一名24岁、体重85千克的海豹突击队队员为例，演示如何计算最大摄氧量（见图3-2）。

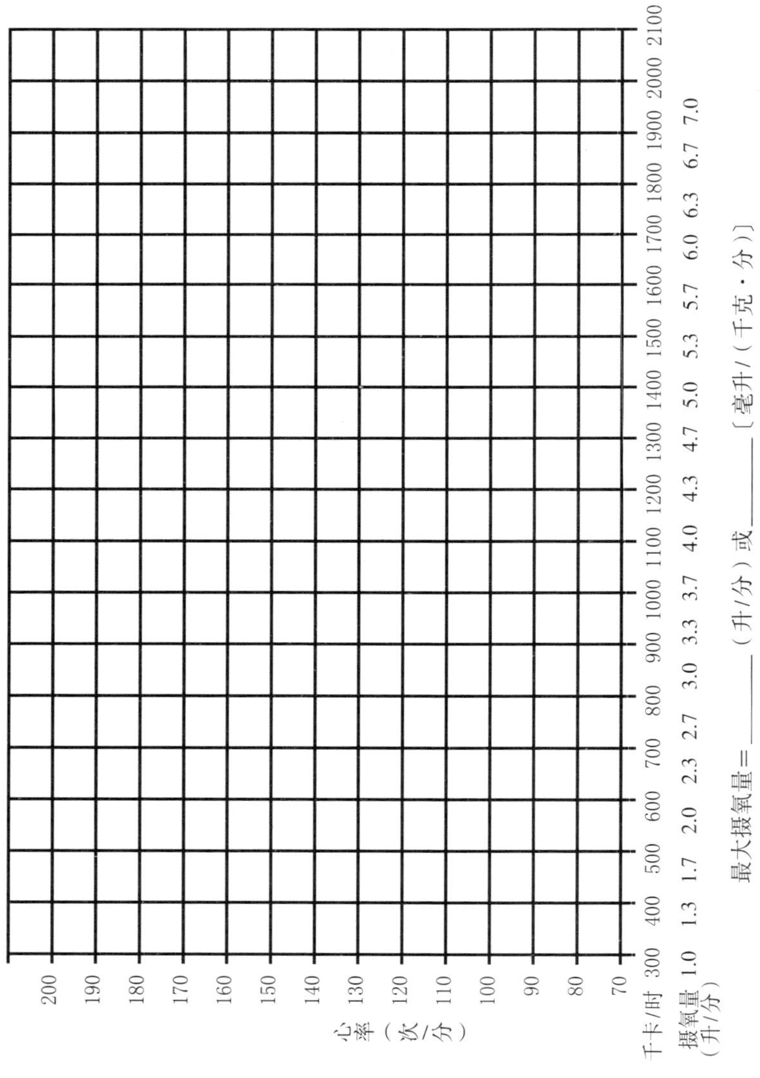

图3-1 绘制心率图并计算最大摄氧量

表3–4 心肺功能分级表

以最大摄氧量为标准

年龄	低 毫升/（千克·分）	正常 毫升/（千克·分）	平均 毫升/（千克·分）	好 毫升/（千克·分）	高 毫升/（千克·分）
20~29岁	＜25	25~33	34~42	43~52	53+
30~39岁	＜23	23~30	31~38	39~48	49+
40~49岁	＜20	20~26	27~35	36~44	45+
50~59岁	＜18	18~24	25~33	34~42	43+

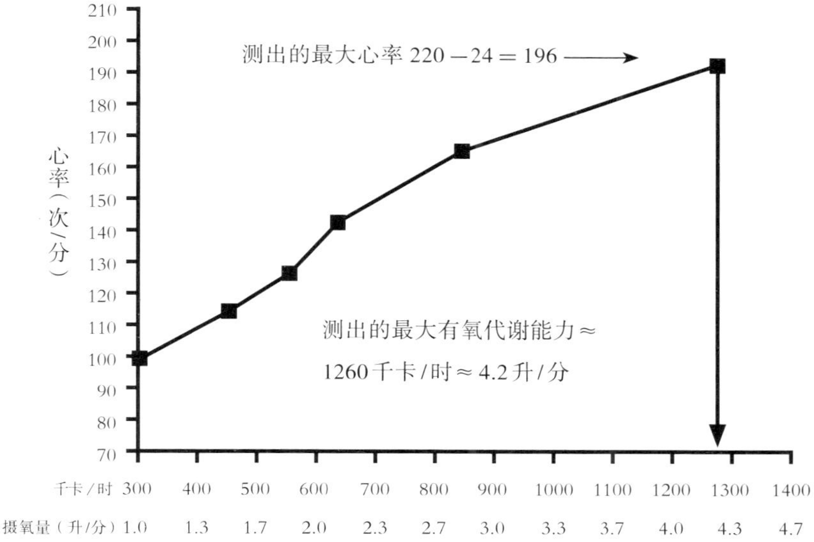

测出的最大有氧代谢能力＝4.2升/分，或4200毫升/85千克≈49.4毫升/（千克·分）

图3–2 计算最大摄氧量

3.3 有氧运动分类和基础训练强度

3.3.1 户外有氧运动

下面对各类户外有氧运动（跑步和游泳除外）做简单介绍。在室内的有氧运动部分将从运动强度方面做更详细的探讨，因为运动器材通常更容易测量运动强度。表3–5是各类有氧运动每小时的能量消耗，表中所得数据是以体重为70千克的成年男子为例计算而来的，训练者在计算自己的能量消耗时，请乘以体重（千克），再除以70。

表3–5 各类户外有氧运动的能量消耗

运动项目	运动强度	能量消耗（千卡/时）
骑自行车	9.6千米/时	270
	16千米/时	420
	32千米/时	720
越野滑雪	中等强度	560
	剧烈/极限	630
跳绳	70跳/分	690
	145跳/分	840

1. 骑自行车

骑自行车是全面提高训练者心肺功能的有效手段。骑车是一种便捷的运动方式，虽然骑车的身体能耗仅是走路能耗的20%，但是，它的速度却能达到步行速度的5倍。户外骑车训练有很多优点，是一项有挑战性的训练。剧烈的骑车运动主要锻炼股四头肌，调整座位的高低还可以锻炼其他肌群。根据不同的地形和训练目的，训练者可以自行设计运动强度。骑车训练强度从每分40转至100转不等，70转是人体最舒服的速度。

骑车速度和体能能耗成正比，较高的速度可以燃烧较多的热量。

总而言之，尽管骑车训练不在海豹突击队的军事体能训练范围之内，但是它可以替代跑步训练，是保持体能的有效运动方式。骑车还是重要的骨骼肌损伤恢复训练项目。在后面的室内有氧运动部分，还会对骑车训练做进一步讲解。

2. 越野滑雪

越野滑雪训练可以有效地提高训练者的心肺功能，该项目是一个全身性有氧运动，可以锻炼所有重要的肌肉组织。与同距离徒步训练相比，它能燃烧更多的能量。训练线路是决定体能能耗的重要因素，上坡滑雪体能能耗颇高，下坡滑雪体能能耗则较低。在所有接受调查的运动员中，优秀的越野滑雪运动员的有氧呼吸能力最强。但是，进行该项目训练需要专业的滑雪用具和滑雪场地。

3.3.2 室内健身器械有氧运动

1. 跳绳运动

在船上或其他密闭空间里，可以通过跳绳训练来保持体能。持续时间较长的快速跳绳属于高强度运动，可以有效地提高心肺功能。从运动量来说，持续跳绳10分钟与慢跑30分钟或跳健身舞20分钟的体能能耗相差无几，跳绳运动可谓耗时少、耗能大的有氧运动。

跳绳花样繁多，可简可繁，随时可练，跳绳的种类见表3-6。

表3–6 跳绳的种类

跳绳种类	动作描述
拳击步	双脚合拢，跳绳时，身体重心左右移动
跑跳	单腿轮流跳，左跳时抬右腿，右跳时抬左腿
双脚轮跳	预备起跳时，右脚在前，左脚在后。跳起时，调换双脚的前后位置。双脚同时落地，左脚在前，右脚在后
单脚屈膝	右脚着地，抬起右脚尖，右脚跟着地；抬起左腿向右跳，左脚着地，右脚抬起。跳跃过程中尽量抬高左膝。换腿训练
双环跳	脚着地一次，绳子在空中绕两圈
杰克跳	双脚并拢跳两下，跳第三下时双脚分开

跳绳的种类繁多，且简单易操作。跳绳的质量决定了跳绳的运动效果。有很多书籍专门介绍跳绳用具、跳绳方法和跳绳步法。但大部分专家建议采用轻薄型皮质跳绳。总而言之，跳绳是一种老少皆宜、简单便捷的室内健身方法。

2. 划船机

划船机可燃烧身体多余脂肪，塑造背部的性感线条，同时还能锻炼手臂的肌肉线条，是一个综合性很强的健身器材。市面上的划船机种类繁多，良莠不齐。优质的划船机应该具备调节阻力、运动强度的功能。大多数划船机有功率、每小时耗热量和运动里程三个指标。在训练中，训练者要遵循一定的训练技巧，这样既能大幅提高心肺功能，也能避免腰背部损伤。以下是训练注意事项：

① 保持整个划船动作的连贯性；

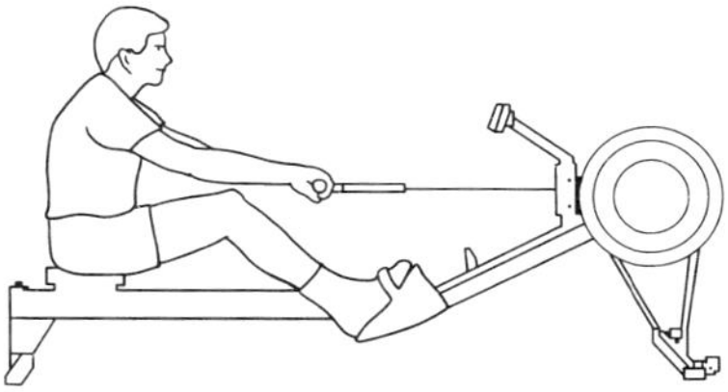

② 运动强度应达到每分钟24~30圈；

③ 手腕部肌肉要放松；

④ 进行划船机训练时，首先要考虑持续时间，而不是运动强度。

训练者单纯进行划船机训练难免会感到枯燥乏味，表3–7介绍了一些训练技巧，以提高该项运动的趣味性。

表3–7 划船机的训练技巧

训练方式	具体描述
匀速训练	匀速进行20~40分钟训练，可以和同伴聊天
间歇训练	3~5组300~500米的快速训练，中间休息2分钟
加速训练	1分钟快速训练与1分钟慢速训练交替进行，总共进行20分钟训练
长时期低速训练	低速进行6000米的长距离训练
周期训练	按预设速度进行2000米的训练
金字塔式训练	1分钟高速训练，1分钟休息；3分钟高速训练，2分钟休息；5分钟高速训练，3分钟休息；7分钟高速训练，5分钟休息；3分钟高速训练，2分钟休息；最后进行1分钟高速训练

训练者如何确定运动强度是否合适呢？身体是最好的裁判，热量消耗也可以作为判断指标。4分钟进行500米的训练是低强度训练，2分钟进行500米的训练是高强度训练，因为对于一个体重为70

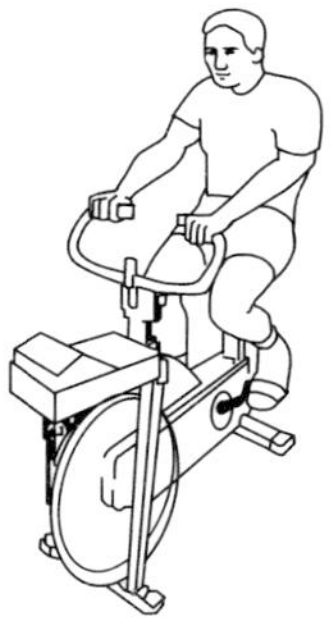

千克的成年人而言，二者相对应的能量消耗分别为385千卡/时和970千卡/时。

3. 室内脚踏车

长期以来，室内脚踏车一直是十分重要的健身器材。目前，室内脚踏车上的测试器主要以千卡/时为指标测算体能消耗。训练者可以根据室内脚踏车的能量消耗分级（表3–8）设定自己的运动强度。

表3–8 室内脚踏车的能量消耗分级表

体重（千克）	运动强度（千卡/时）			
	低	中	较高	高
70	320	450	600	770
79	360	520	680	880
90	400	590	760	990
99	450	650	850	1100

4. 跑步机

尽管户外跑步训练的优点更多，但是对于那些不便去户外的训练者而言，跑步机是保持健康、提高心肺功能极佳的运动器材。与划船机和室内脚踏车不同，测量跑步机的体能消耗时，要考虑到体重因素。此外，跑步机训练是一种全身性综合健身活动，训练时要注意保护关节，尽量避免关节损伤。

运用跑步机健身时，应该如何设定运动强度呢？如果进行其他项目的辅助训练，每周3天的跑步训练就足够了。训练者可以通过变换皮带阻力控制运动强度。请注意，剧烈运动的标准是每小时消耗750千卡的热量，中等强度运动则每小时消耗450~600千卡的热量。表3–9总结了运用跑步机采用不同跑速的能量消耗。训练者可以根据表3–9确定室内跑步训练的速度与强度。

表3–9 平坡、上坡跑步机的能量消耗

（千卡/时）

运动强度（%）	速度（千米/时）				
	6.4	8	9.6	11	12.8
0	425	515	610	700	800
2.5	470	570	670	775	880
5	510	620	740	850	970
7.5	550	670	800	920	1045
10	600	720	850	990	1125

5. 滑雪训练机

滑雪训练机是有效提高身体素质的全身性健身器材，既可用于上肢训练，也可进行下肢训练。滑雪训练机有低、中、高等多种运动强度的模拟场景，训练者可根据自身需要进行训练。训练者应注意循序渐进、量力而行，最好坚持一段时间的中低强度训练，再进行高强度训练。请注意，与室外滑雪训练不同，此运动对各关节有轻微压力。大部分滑雪训练

机都可以调控皮带阻力，常见的腿部阻力范围在1.8~14.5千克。运动强度主要由平均滑雪速度决定，当然还有很多其他的影响因素。这里先以体重为70千克的男子为例，简要介绍滑雪训练机在不同难度和速度下的体能消耗情况（表3–10）。

表3–10 滑雪训练机的体能消耗表

（千卡/时）

难易程度	速度（千米/时）					
	5	6	7	8	9	10
3	485	530	575	620	670	710
4	550	600	645	690	735	780
5	620	660	710	755	800	850
6	680	730	775	820	865	910
7	750	800	840	885	930	975
8	815	860	905	950	1000	1045

很多室内滑雪训练机还能调控臂力阻力范围，训练者务必注意循序渐进，先从低难度的训练开始。不同难度的下肢体能消耗计算十分复杂，在这里不做详细阐述。总之，滑雪训练机对海豹突击队队员而言是一个绝佳的训练器材，能够有效地提高他们的冬季作战能力。

6. 踏步机

与跑步机、室内脚踏车一样，踏步机能够有效地提高训练者的心肺功能，是一种常见的有氧运动健身器材。尽管踏步机训练是一种承重训练项目，但是它的心肺训练功效却远不及跑步训练。有些人喜欢训练时手握扶手，这将大大降低训练功效。想要获得最佳训练效果，必须遵循一些训练守则，必须模拟真实的上楼场景进行训练：不能手握扶手。如果握着扶手，扶手会支撑身体的一部分重量，这样会降低体能消耗，也就削弱了训练效果。

大部分踏步机自带预设好的电脑训练程序，以满足训练者的各种要求。这类程序包括：各种运动强度的踏步训练、间歇训练、爬楼训练、操作指南等。尽管每种踏步机都有自己的体能消耗测算方式，但是，每分钟的踏步数量是确定运动强度的重要指标，每步的垂直高度为0.2米。低强度踏步运动指的是每分钟低于35步的踏步运动，而高强度训练指的是每分钟超过95步的踏步运动。踏步训练并不是简单的训练项目，训练者需要持之以恒。下面以体重为70千克的海豹突击队队员为例，计算踏步运动在不同运动强度时的能量消耗（表3–11）。

表3–11　踏步运动在不同强度的体能消耗

踏步速率					
步（分）	35	60	95	120	140
大概体能消耗（千卡/时）	250	390	580	730	820

7. 登山机

登山机能极好地锻炼训练者的上身肌肉，也是提高其心肺功能的有效运动器材。登山机的种类繁多，功能各异，但是它们有一个共同的基本特点：能够有效地锻炼上身肌肉。

有权威专家表示，训练者运用登山机健身比使用其他健身器材的体能消耗都要大。体重和登山速度是影响体能消耗的重要因素。其他的影响因素还包括个人力量素质和运动强度。表3-12介绍了不同体重条件和运动强度下的登山机的体能消耗情况。

表3-12　登山机的体能消耗

（千卡／时）

体重（千克）	每分钟登山步数（运动强度）					
	40	60	80	100	120	140
63.5	360	480	600	690	810	930
72.5	420	520	670	800	930	1050
82	460	600	750	900	1050	1200
90	510	670	840	1020	1170	1320
99	570	750	930	1100	1270	1450

3.3.3 基础训练强度

与体能训练密不可分的另一个术语就是“恢复”。剧烈运动训练后，及时恢复体能很重要，而休息是体能恢复的重要环节。专家不提倡连续进行剧烈运动，建议一个高强度的训练日伴随一个恢复性训练日，如果不能满足这个要求，一周的高强度训练至少要有一天的恢复性训练。上述情况是理想的训练计划，训练者也可以根据自身情况自行调节。训练者应该选择身体状态好时进行高强度训练，如果感到状态不佳，则可以选择进行低强度训练，或者干脆休息一天。

低强度训练日可以进行1小时以上的低速跑步训练、低速骑车训练，或者短程负重训练。高强度训练日可以进行一定时间的间歇训练、法特莱克训练和负重超等长训练，或者和队友进行基本项目竞赛。总之，进行基本训练的关键是避免乏味，要有趣味性和挑战性。

3.4 运动强度其他术语

描述运动强度经常运用以下术语。

① 运动量。

② 爆发力。

③ 代谢当量。

④ 瓦特。

正确理解上述四个术语，便可将其应用到各类器械健身和体能训练计划当中。但是，运动量和爆发力这两个术语经常被人误用，所以，正确理解这些术语至关重要，至少要了解这些术语的基本测量单位。

运动量与爆发力

运动量＝力量 × 距离，基本单位是千卡

爆发力＝运动速率，基本单位是瓦特

代谢当量与瓦特

代谢当量是表示相对能量代谢水平和运动强度的重要指标。代谢当量以安静且坐着时的能量消耗为基础，是表达各种活动时相对能量代谢水平的常用指标。

根据个人体重和身材的不同，1代谢当量每分钟耗氧0.2~0.25升，或者每分钟消耗大约1千卡的热量；2代谢当量每分钟耗氧约0.5升，或者消耗约2千卡的热量；以此类推，3MET＝3×（0.2~0.25）升/分，或者3MET＝3×1千卡/分。

如上所述，瓦特是计算运动速率的基本单位，等于运动量除以时间。大多数健身器材都用瓦特表示运动速率，但是也有一些健身器材用代谢当量表示。表3-13是各种运动强度的单位转换表。训练者可以根据此表自行转换不同单位之间的运动强度。

表3-13　运动强度的单位转换表

运动速率（瓦特）	耗氧量（升/分）	运动强度	热量消耗（千卡/时）	代谢当量
50	0.9	低	270	4
100	1.5	较低	450	6.7
150	2.1	中等	630	9.3
200	2.8	较高	840	12.4
250	3.5	高	1050	15.5
300	4.2	非常高	1260	18.7

04

跑步体能训练

跑步是人们最常采用的一种有氧锻炼方式，是体能训练的基本训练项目。这主要是因为跑步对用具要求简单，只需买一双优质的跑鞋即可。只要穿着舒适、训练得当，就可以避免损伤、保持健康，享受跑步带来的身心愉悦。本章介绍中跑（每周32~64千米）训练计划，这个计划足以应对10千米田径赛和半程马拉松比赛。

4.1 跑步用具简介

4.1.1 跑鞋及相关术语

一双优质的跑鞋应该具有良好的缓冲减震性、稳定性，具有控制运动功能，能为足部提供较好的支撑力和耐久力，预防运动损伤。绝不能购买不舒服的跑鞋。《跑者世界》（*Runner's World*）杂志每年都会发布年度跑鞋目录，对其进行分类并汇总出最新款的跑鞋；你也可以上网搜索，在跑步网站上获得有关跑鞋的最新信息。挑选时，你应该在体育用品店试穿多双跑鞋，在店中多走动一会儿，然后从中选择一双最舒适的跑鞋。也可以在购买前查阅相关产品目录，选择自己心仪的款式。

1. 足内旋

足内旋（Pronation）是指在行走和跑步时，脚部自然向内旋转的过程。在行走和跑步的时候，大多数情况下，脚后跟的外侧首先着地，随着重心向前推移，脚后跟向内倾斜，在离地时产生一个自然向上翻转的动作，这个向内翻转的动作就叫足内旋。

足内旋产生于脚踝下面的距下关节，它发生在脚部由着地到蹬地一系列周期动作的最初阶段。行走或跑步时，足内旋可帮助减轻脚部触地时所产生的震动。不具备足内旋能力的人，在跑步时，每一步所产生的撞击力都会传输到腿部，并对小腿的正常运动产生影响。

当脚后跟与地面倾斜的角度在合理范围内时，称为正常内旋。超过正常范围，称为过度内旋（足外翻）。没有内旋动作或脚后跟向外侧倾斜时，称为内旋不足（足内翻）。挑选跑鞋时，应该考虑足内旋的情况。如何判断足内旋呢？拿出一双旧跑鞋，观察鞋底的磨损情况，如果鞋底的里端较薄、磨损得较严重，那就是过度内旋。或者也可以找朋友帮忙观察，如果跑步时，脚向内侧倾斜得越厉害，足内旋就越严重。

过度内旋会使较短的那条腿及膝盖受损。

内旋不足的跑步者，脚部肌肉较为僵硬，足弓无法为蹬地提供足够的张力，比正常内旋的跑步者需要更多的缓冲性能。有专门的跑鞋可以矫正过度内旋和内旋不足。

2. 跑鞋相关术语

熟悉一些跑鞋的相关术语有助于挑选、购买合适的跑鞋。图4-1介绍了跑鞋的结构。

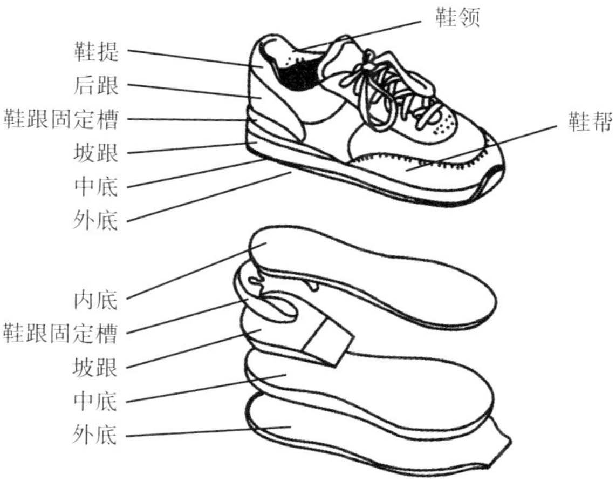

图4-1　跑鞋的结构

3. 通用术语简介

① 外底：鞋子最下面薄薄的一层材料是外底；外底直接与地面接触，主要功能是抓地、耐磨。

② 中底：外底与鞋帮之间的厚厚一层材料即为中底，主要起缓冲、防震的作用。

③ 外侧面：鞋子的外侧面。

④ 中衬：鞋子内部或者侧面保护足弓的部分。

⑤ 鞋帮：中底上边的部位。

⑥ 鞋槽口：鞋领上部的U形、V形结构，减轻对跟腱的刺激。

⑦ 后跟：指跑鞋内部包住脚跟的塑料结构；它能够在跑步的时候固定脚跟。

⑧ 鞋外跟：外部鞋跟，稳定足跟，控制内旋。

⑨ 运动控制设计部件：运动控制设计部件能够有效控制足内旋；轻微的内旋过度并无大碍，但严重的内旋过度和内旋不足就需要及时矫正。

4. 减震垫术语简介

① 减震垫：是中底的一部分，起到缓冲、减震作用。

② 悬臂减震设计：是一种凹形外底设计，足底触底时会自动张开的一种减震设计。

③ EVA材料与皮尤革（PU）：中底的制作一般有两种发泡材料可选，即EVA或PU。EVA比较柔软、防震好，PU硬度高、抗压。

④ 中部缓冲垫：缓冲性EVA材料通常添加在鞋跟和前脚掌部位，有助于减轻跑步状态下的着地冲击，减轻脚部承受的体重压力。

5. 鞋底弯度术语简介

① 鞋楦：是鞋的成型模具，又称鞋撑。鞋楦有木、塑料和金属三种。如图4–2所示，从鞋底弯度方面，鞋楦可分为直线型和曲线型两类。

② 直线型鞋楦跑鞋：内线或鞋中线较直的跑鞋，有较强的支撑性和稳定性，适合内旋过度的跑步者。

③ 曲线型鞋楦跑鞋：如图4–2所示，这类跑鞋的前脚掌部位向内倾斜，能够承受较大的足底张力，适合内旋正常的跑步者。

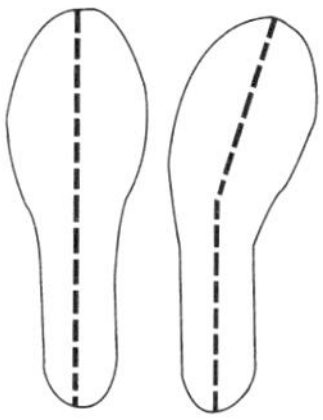

直线型　曲线型

图4–2　跑鞋鞋底的弯度类型

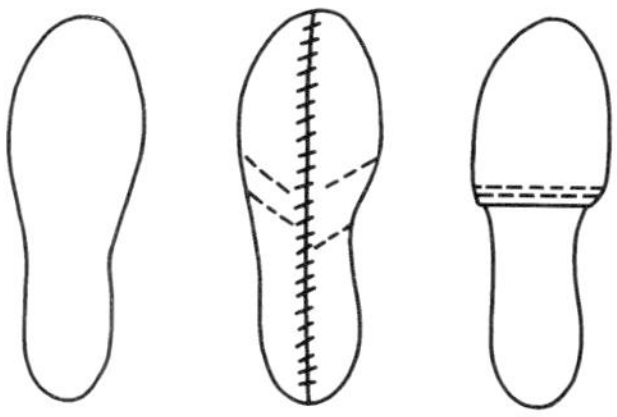

平板鞋楦　嵌入鞋楦　混合鞋楦

图4–3　鞋楦的结构类型

6. 鞋楦结构术语简介

鞋楦的结构类型如图4–3所示。

① 平板鞋楦是将鞋面先套入鞋楦，底部加上一块纤维板，然后再加压成形；由于鞋底加入纤维板做助力，所以鞋底一般比较硬挺，有较高的边缘承托力。

② 嵌入鞋楦是将车缝好的鞋面，车缝在另一块由软皮所制的内底上，成一袜形，然后再套入鞋楦，加压成形后再粘上外底。

③ 混合鞋楦由鞋前掌的嵌入鞋楦和鞋跟部位的平板鞋楦组合而成，可以提高灵活性。掀起鞋内垫就可以看到这种混合结构。

7. 跑鞋购买指南

① 首先考虑减震效果。

② 了解自己的脚型。

③ 挑选宽松合脚的跑鞋。

扁平足　正常足形　弓形足

图4-4　人的足弓类型

你了解自己的足弓形态吗？是足弓较高、足弓正常还是扁平足？你可以通过“湿脚印足形测试法”来检测一下自己的足弓形态：把双脚沾湿，光脚站在一张纸或深色的地板上，然后抬起双脚，注意观察自己的脚印。与图4-4比对，即可获知自己的足弓形态。

弓形足跑者需要购买减震性好的跑鞋，而平足跑者则需要购买支撑力强、具有控制功能的跑鞋，见表4-1。

① 判断自己是否内旋不足或者过度内旋。

过度内旋的跑者需要稳定性强的跑鞋，而内旋不足的跑者需要减震性好的跑鞋。

② 判断自己是否容易受伤。

训练时如果受伤，请及时去看运动医学医生，检查一下是否是生物力学方面的病因。生物力学病症通常包括内旋不足、过度内旋、双腿长度不同，而这些症状通常会导致训练损伤。有这些症状的跑者，可通过矫正用具来进行跑步训练。当然，看医生时也可以带着自己的跑鞋，咨询专业意见。

表4-1 脚型与跑鞋

<table>
<tr><th>跑鞋特点</th><th>扁平足</th><th>正常足形</th><th>弓形足</th></tr>
<tr><td>楦底种类</td><td>直线型</td><td>半曲线型</td><td>曲线型</td></tr>
<tr><td>鞋楦结构</td><td>混合型</td><td>混合型</td><td>嵌入式</td></tr>
<tr><td>鞋底</td><td>硬底</td><td>软硬皆可</td><td>软底</td></tr>
<tr><td>运动控制功能</td><td>有</td><td>无</td><td>无</td></tr>
<tr><td>改善、矫正垫</td><td>有矫正内旋过度的加垫</td><td>无</td><td>无</td></tr>
<tr><td>外护跟</td><td>有</td><td>无</td><td>有</td></tr>
<tr><td rowspan="3">推荐跑鞋</td><td>稳定性强</td><td>稳定性好</td><td>减震性强</td></tr>
<tr><td>外底坚固</td><td rowspan="2">有一定动作控制功能</td><td rowspan="2">弹性充足</td></tr>
<tr><td>有动作控制功能</td></tr>
<tr><td rowspan="2">应避免类型</td><td>高减震性</td><td>无</td><td>运动控制功能</td></tr>
<tr><td>曲线鞋楦</td><td>无</td><td>稳定性强</td></tr>
</table>

③ 傍晚是买鞋的最佳时间。

清早起床时，人的双脚最小，随着时间推移，脚会渐渐变得大一些。挑选跑鞋时，注意穿着专业运动袜，运动袜比普通袜子要厚。在商场里多试穿走动，检验跑鞋是否舒适、合脚。此外，如果正在使用矫正用具，购买跑鞋时请携带相关用具。

④ 不要只看品牌。

尽量避免朋友推荐或者明星效应，要根据自己的脚型、运动需要购买舒适的跑鞋。建议去跑鞋专卖店购买，那里有经验丰富的导购员为你推荐合适的跑鞋。

⑤ 定期更换跑鞋。

跑鞋要定期更换，否则穿着过久的跑鞋容易导致膝盖损伤和臀部疼痛。通常，一双跑鞋的寿命只有644~805千米。跑步日志是记录跑步里程的有效方法，它还有助于排查训练损伤原因。

8. 足部矫正鞋垫

具有运动生物力学方面缺陷的跑步者，需要在跑鞋中加上鞋垫，否则会导致疼痛或训练损伤。可以根据个人生物力学的缺陷情况量身定做足部矫正垫，这种鞋垫有动作控制功能，并能为足底提供足够的支撑力。足部矫正垫通常由软木制成，上面包有软皮层和硬塑料。制作时，从使用者的足部取模，在特殊的模型上微调，做好的矫正鞋垫可以改善跑步者的生物力学缺陷。足部矫正垫的使用应该循序渐进，首先用于走路训练，适应后再用于跑步训练。应该到足部医师或运动医学专家处定制足部矫正垫。

其实，有些患者并不一定需要定制矫正垫，价格低廉的护跟垫、普通矫正垫也可以矫正脚型。例如，对于有轻微内旋过度的跑步者，加入护跟垫就可以改善足内旋问题。普通矫正垫按鞋号售卖，但是，如果随着跑步里程的增加，疼痛感逐渐增强，跑步者应到专业机构定制矫正垫。

9. 低温防滑垫

雨雪天在户外进行跑步训练时，应在跑鞋上加设防滑垫。阿拉斯加驻地部队在冬天训练时，士兵就会运用防滑垫。

4.1.2 跑步运动服

与其他训练项目不同，跑步不是季节性的健身活动，对服装没有特定要求。酷暑或严冬时，可以在跑步机上进行训练。因此，在夏季进行跑步训练时，只需准备一身短袖、短裤；春秋季则是紧身运动服加夹克衫；冬季需要注意保暖，尤其是头部和手脚的保暖，根据气温来适当加减运动服。经验是最好的老师，训练者不能穿得过多，否则在热身运动后，跑一两千米后就会大汗淋漓。

跑步专用袜比普通运动袜质地厚，减震性也更好一些。但是价格有点贵，在大部分的跑步训练中，建议穿着跑步专用袜。

4.1.3 其他跑步用具

1. 心率测试器

《跑者世界》杂志和其他健身杂志经常会刊登心率测试器的广告。一些运动员使用它来测试自己的运动强度，该设备通常包括一个护腕显示器和一个胸部传感器；胸部传感器检测心跳，然后将它传到护腕显示器上，继而显示出每分钟的心跳次数。如果你知道自己的目标训练心率范围（见第一章），就可以在这个心率范围内进行训练。心率测试器的价格普遍较高，并不是跑步训练的必需品。

2. 反光镜

清晨或者傍晚时分，在能见度较低的条件下进行跑步训练时，应在鞋子或衣服上佩戴反光镜，尤其是住在城市的跑步者更应注意这一点。因为司机通常不会太注意跑步者，跑步者应做好安全工作。此外，不能逆行跑步。

3. 水杯

众所周知，为了避免脱水，应该保持体内水分平衡。尤其是在夏季长跑90分钟以上时，更应该随身携带水杯，每跑半小时应饮用约227毫升水，如果途中可以获得水分补给，则不需要自行带水。

4. 音乐播放器

长跑时携带音乐播放器可以降低无聊感。但是，不建议在城区使用，因为它会分散注意力，容易引发交通事故。

4.2 跑步场地

理想的跑步场地应该是平坦、坚固、具有减震功能的运动场地。表4–2介绍了从高级到低级的各类跑步场地。

表4–2　跑步场地分级

地面	评价	等级
平坦、柔软的塑胶跑道	在跑道上可以随意改变方向，最不容易引发刺激性机能损伤	1（最好）
人工合成跑道	不如塑胶跑道的减震性好	2
柔软、平坦的泥土路	有一定的减震性，车辙、坑洼处、石块清晰可见	3
平整的草地	包括高尔夫球场在内的草地，会隐藏一些坑洼低地，不太适合跑步	4
沥青柏油路	两边设有下水设施，有坡度，容易导致一脚内旋过度，而另一脚内旋不足；如果跑步者每天都坚持在同一个方向跑步，容易引发刺激性生物动力损伤	5

续表

地面	评价	等级
坚固的泥土路	注意车辙、碎石、沙砾	6
混凝土人行道/马路	路面十分坚硬；注意穿减震性好的跑鞋	7
弧形路面	注意保持膝关节平衡	8
沙滩	沙滩通常有一定的坡度，容易引发刺激性生物动力损伤；请勿光脚跑步	9
坑洼不平的泥石路、草坪	路面多石、崎岖不平，稍有不慎，容易扭伤脚踝	10

其他跑步场地还包括跑步机和泳池。跑步机是当下流行的健身器材，即使在船上工作，训练者也能通过跑步机健身。跑步机有极好的减震功能，还可以自由控制跑速和运动强度。但是，跑步机也有一个缺点——枯燥乏味，以相同的速度在不变的环境中跑步确实有些无聊。音乐播放器播放音乐等可以减轻训练者的无聊感，使其放松心情。

水中跑步训练是主要的损伤修复训练项目。与地面跑步相同，水中跑步可以有效提高心肺功能，也可以减轻受损肌肉和关节在训练中所承受的压力。在许多游泳健身中心，该项目颇受欢迎。

4.3 热身准备活动

跑前热身活动有利于伸展肌肉，可以避免由于肌肉僵硬而引发的肌肉拉伤。与短小、紧实的肌肉相比，舒展的肌肉不容易受伤，因为它能从机体中获得更多的能量。热身准备活动还有另外一个作用，就是保护肌腱。跑前热身活动主要包括快走或慢跑5~10分钟。**热身准备活动之后需要做伸展运动，包括大腿和小腿伸展、股四头肌伸展、臀侧肌伸展、腹肌伸展、脚踝伸展等。**

4.4 放松整理活动与拉伸运动

跑步训练结束后，要继续走一会儿，以放松肌肉和关节。训练末尾阶段不宜冲刺，也不宜在训练结束之后立刻停止运动，进行休息，这样可能会导致训练损伤。放松整理活动有益于血液从肌肉中回流至心脏和其他内脏器官，有利于减慢心率，帮助身体恢复到训练前的水平。**跑步者在跑后进行适当的放松整理活动和拉伸运动，能够避免运动损伤的发生。**

4.5 跑步姿态

跑步姿态因人而异。跑步训练时主要注意以下几点：着地缓冲、迈步、身体姿势、摆臂。

跑步时，身体要自然放松。

4.5.1 着地缓冲

除了短跑运动员和速度型选手外，大部分跑步者都适合由脚跟过渡到脚尖的着地缓冲技术。

① 脚跟先着地。

② 膝盖弯曲的同时，重心落在整个脚掌上。

③ 平稳地过渡到5个脚趾上，同时受力并蹬地。

在一个跑步周期末，脚尖会带动脚踝向外轻微旋转。脚与脚踝能够保持与小腿呈一条直线。脚着地后，重心会落在整个脚掌。这就意味着，脚和脚踝可以有效地吸收来自地面的震动，支撑并稳定身体，为脚趾蹬地做好准备。

4.5.2 迈步

迈步的要点是膝盖轻微弯曲时，脚跟着地。可以通过加大步伐、增大步频来提高速度，此时膝盖将提到更高的位置。不要迈步过大，否则脚跟将在膝盖弯曲前着地。步伐过大会给膝盖、背部和臀部带来过大的压力，容易导致损伤。步伐过小、步频过快是由于没有做好热身准备活动，此时肌肉较紧、缺乏灵活性，因此需要更多的能量，这样会降低跑步效率。跑步时，迈步要轻盈，姿势要放松。

4.5.3 身体姿势

跑步的正确姿势是：抬头挺胸，眼睛直视前方。姿势也要随地形而变，路况不好时要注意脚下，以免踩到碎石或跌入坑中。上坡跑或冲刺时，上身要略微前倾，这样能提高速度，但会给腿部肌肉带来压力，导致背部和颈椎疼痛。不建议身体后倾，这种姿势会给背部和腿部带来更大的压力，还会产生“刹车”的效果，从而降低速度。跑步时，身姿挺拔，步态轻盈，双肩放松，双肘自然弯曲，双臂有力地在身体两侧前后摆动。

4.5.4 摆臂

在跑步过程中，摆臂可以保持身体的平衡性和协调性，使身体更自然地摆动，更符合人体运动的韵律。摆臂时，只需记住前不露肘、后不露手，自然地随着脚步而摆动。加速摆臂在冲刺时可以提高速度，但是在长跑中不建议过度摆臂。

4.6 正式开始跑步训练

跑步训练要循序渐进，注意把握运动量。在锻炼初期，跑步速度以没有不舒服的感觉为限度，跑步距离应以感觉不吃力为宜，跑步距离过大容易导致训练损伤。增加跑步里程时，应采取循序渐进的方式，相邻两周的增长量应控制在10%~20%。例如，跑完6400米后，没有不舒服的感觉，这时可以将运动量增加到8000米，然后再以这个新运动量坚持训练一两周，适应之后，再适当增加运动量。此外，贵在坚持，要克服惰性，坚持训练。

加量准则：每周加量不应超过20%。

大部分健康的人都能连续跑30~40分钟。对于可以连续跑步40分钟以上的跑步者，可以考虑增加跑程。然而，不能达到这个标准的跑步者，应根据自身的情况，不宜强行增加运动量，否则可能会导致运动损伤。在中长跑训练中，持续跑比加速跑更有效。

4.6.1 跑步频率

最佳频率是每周跑三四次，或者隔天进行长跑训练。一周跑步计划应包含一两天的休息日。休息日并不是不进行任何锻炼，而是最好加入骑车、游泳等辅助性锻炼，这样既有利于肌肉恢复，也可以避免肌肉劳损。

4.6.2 跑步速度与运动强度

以健身为目的的跑步训练，跑步速度应以没有不舒服感为限度。如果跑速过快，呼吸不畅，必然不能继续进行长距离训练。高速跑步锻炼过后，应该进行整理运动，放松紧张的肌肉；如不进行整理运动，容易导致损伤。评估运动强度是否合理的有效方式是测试心率（详见第一章）。如上所述，在中长跑训练中，持续跑比加速跑更有效。表4–3是关于提高跑速的建议。

表4–3 提高跑速的建议

增大步幅，但步伐不要过大
增加步频
同时增加步频、步幅

请注意：提速训练不要和增加跑步距离同时进行。

提速训练和增加跑步距离二者不可同时进行，否则会导致损伤。每周坚持跑步3次，每次持续30分钟，然后可以适量加长跑程。对于中跑训练者而言，每周最好坚持跑32~48千米。每周的运动加量不宜超过20%。表4–4是9周32~64千米的跑步训练增量表。

表4-4 9周32~64千米的跑步训练增量表

周次	周一（千米）	周二	周三（千米）	周四（千米）	周五	周六（千米）	周日（千米）	周总量（千米）
1	6.4	放松训练	8	4.8	放松训练	4.8	8	32
3	8	放松训练	8	8	放松训练	8	8	40
5	8	放松训练	9.6	9.6	放松训练	9.6	9.6	46.4
7	11	放松训练	11	12.8	放松训练	8	12.8	55.6
9	9.6	放松训练	12.8	12.8	放松训练	12.8	16	64

训练者可以根据身体素质和训练需要自行调整训练。还有一种训练方法是每周隔天分别进行长距离慢跑训练和短跑速度训练。请注意，训练者如果感到过度疲惫，请放弃加量，维持原距离的跑步训练，或者休息一天，进行其他替换辅助训练。在每周64千米长跑训练的基础上，训练者可以轻松地进行半程马拉松训练。

4.6.3 马拉松训练计划

每周进行56~80千米的长跑训练，一两个月后，就可以拥有较好的耐力素质基础，然后可以进行为期3个月（12周）的马拉松长跑训练（表4-5）。在马拉松比赛的前几周，跑步者必须进行模拟训练。不过，在比赛当周，只能进行几次短跑训练。参赛的基本目标是跑完全程。

表4-5 12周马拉松长跑训练计划

周次	周一（千米）	周二（千米）	周三（千米）	周四（千米）	周五（千米）	周六（千米）	周日（千米）	周总量（千米）
1	—	8	13	8	8	6	24	67
2	—	13	8	16	8	8	19	72
3	—	10	12	10	10	6	24	72
4	—	13	13	16	8	8	22	80
5	—	10	13	13	10	6	28	80
6	—	10	16	19	8	13	22	88
7	—	8	16	16	10	6	32	88
8	—	13	16	16	16	13	22	96
9	—	13	16	16	10	10	32	97
10	—	13	6	16	16	13	24	88
11	—	8	16	16	8	10	30	88
12	—	13	10	6	—	3	马拉松比赛	

以每周跑64千米为基点。

其他注意事项

① 注意饮食。马拉松比赛前的最后一餐应包含充足的碳水化合物和水分。

② 循序渐进，控制运动强度。

③ 感到疲劳或肌肉痉挛后，请停止跑步，进行走路等放松性锻炼。

④ 注意考虑气温等环境因素。阴雨天湿度较大时，注意保持体内水分充足及体内电解需求。

⑤ 训练结束后，请进行整理运动，最好洗一个热水澡。

⑥ 身体充分恢复后，再继续训练。

4.6.4 间歇跑

间歇跑有明显的提速作用。理性的间歇跑训练应该在严格的测量基础上实行。表4–6是一个具体的间歇跑训练方案，并注意以下两点。

① 为了提高无氧代谢能力，休息时间应略短于或等于相应的训练时间（跑完400米需要60秒；休息时间为60秒）。

② 为了提高有氧代谢能力，休息时间应短于相应的训练时间的1/2（跑完800米需要2分30秒；休息时间为60秒）。

表4–6　短跑、长跑训练中的间歇训练方案

短跑训练
热身准备活动：1600米慢跑
10分钟下肢伸展运动
400米短跑训练/60~90秒的慢跑修复性训练：重复5次
800米短跑训练/2~3分钟的慢跑修复性训练：重复3次
1600米整理放松运动
全身伸展运动
长跑训练
热身准备活动：1600米慢跑
10分钟下肢伸展运动
1600米短跑训练/1~2分钟的慢跑修复性训练：重复4次
3200米整理放松运动
全身伸展运动

除了间歇训练法，训练者还可以根据自身需要采用其他方法进行训练。例如，可以采用金字塔式训练方法：开始进行400米的跑步训练，接着是一组800米的训练，然后是1200米的训练，接着是1600米的训练，再以从长到短的顺序进行4组训练，以400米的训练结束。在每组训练之间，最好进行400米或800米的慢跑，待肌肉和体能恢复后，再进行下一组训练。

间歇训练法是体能训练的有效方式。

4.7 变换训练强度

高强度训练之间最好加入强度较低的放松训练。如果不是进行马拉松训练，最好不要连续两天进行长跑训练，等身体恢复后再训练。根据身体素质适量调整运动强度。

恢复性训练很重要。

在跑步训练中，可进行骑车、游泳、爬楼梯等替换辅助性训练，这些项目也可以有效地提高有氧能力。恢复性锻炼可以避免因单一使用某一（些）肌肉（群）而引发的肌肉劳损。力量素质是提高整体跑步水平的关键因素，尤其是上身力量训练，建议每周进行两三次力量训练。

4.8 跑步训练中常见的损伤和问题

由跑速过快、跑程过长、次数过繁导致的过度训练会经常引发训练损伤。最新一项调查汇总了男性跑步运动员的训练损伤种类，见表4–7。

表4–7　男性跑步运动员的训练损伤种类

损伤部位	受伤频率（%）
膝盖	23
脚部跟腱/小腿	16
跖骨	11
臀部/腹股/脚指甲/脚泡	9
脚底板/脚跟	8
脚踝	6
神经/四头肌/腿筋/背部	2

体育训练中，受伤在所难免。跑步训练时要牢记三条黄金法则，见表4–8。

表4–8　跑步训练的三条黄金法则

身姿挺拔
摆臂放松
量力而行

05

游泳体能训练

海豹突击队队员必须是游泳健将。游泳能全面、有效地提高体能素质，包括有氧耐力、爆发力、力量素质和灵敏素质。游泳对关节的压力小，有助于关节及周围肌群的恢复，是跑步等高强度承重训练的交替性训练项目。为了适应特定的军事作战环境，海豹突击队游泳体能训练包括各类“适应环境”专项训练，例如，低温水域游泳训练。本章将介绍提高游泳技能的相关训练和游泳用具。

游泳训练的首要目标是提高耐力，同时保持其他训练项目所需的爆发力和力量素质。本章介绍竞技性泳池游泳训练内容，以及战斗潜泳训练内容，后者主要侧重于穿着脚蹼的户外（湖、海）游泳训练。海豹突击队军事体能训练的总方针是专项训练原则，户外游泳训练是海豹突击队综合体能训练的一个基本项目。针对特定军事任务而进行的公海游泳训练和冲浪游泳训练，能有效地提高队员的时间感和自信心。

游泳训练首先应侧重户外脚蹼游泳训练。

为了保证安全，训练者在游泳训练时最好有人陪同，千万不要单独训练，尤其是户外进行游泳训练。

5.1 户外游泳用具

简单而言，只需准备泳裤或泳衣就可以在户外水域进行游泳训练。1944年，在奥马哈水下爆破队沙滩游泳比赛发布的游泳用具一览表里，甚至没有列出脚蹼和游泳面罩。时至今日，海豹突击队户外游泳训练增设了一些重要用具。泳镜是任何游泳训练的必备用品，军事游泳训练和户外游泳训练则需要准备更多的用具。在进行泳池训练时，很多专用辅助训练工具可以提高力量素质和游泳技巧。

5.1.1 潜水衣

为了保证安全，户外游泳必须注意保持体温。尤其是男子极易受体温降低的影响，体温降低后容易心律不齐，最初的症状便是休克。潜水衣可以帮助游泳者保持体温，防止身体散热过快，潜水衣内最好穿着能减小水压、御寒的柔软内衣。

农民约翰发明了第一套户外游泳潜水衣，为了方便手臂划水，这身潜水衣没有袖子。除了水温极低的水域，穿着潜水衣即可在户外游泳。与潜水不同，水面游泳不用对抗水底的巨大水压，因此无须穿着长袖潜水衣。但是，对于海豹突击队队员而言，他们执行较长时间的潜泳任务时，必须穿着长袖潜水衣以防寒保暖。

潜水内衣通常由尼龙制成，没有弹性。它能起到保护作用，使潜水者头部和臂膀在潜水时免受潜水衣划伤。不穿潜水内衣也无大碍，全凭个人喜好。

5.1.2 泳帽、潜水手套、潜水鞋

泳帽：质地上乘的泳帽可以减少头部被划伤的可能，还可以起到良好的保温作用。

潜水手套：潜水手套的工作原理与桨的工作原理相似，它上面的手蹼可以加快侧泳和自由泳的速度。最流行的是氯丁橡胶潜水手套。

不带鞋底的潜水鞋可以最大限度将腿部力量传递给脚蹼。

5.1.3 脚蹼简介及如何挑选脚蹼

1. 脚蹼的设计功能特点

① 脚蹼边缘的大小及面积。

② 脚蹼边缘的坚硬度。

③ 脚蹼边缘的结构和形状——长度和宽度。

④ 脚蹼的降阻功能，以及踏足板和蹼片的角度。

⑤ 脚蹼的弹性。

2. 选择脚蹼时应考虑到自身的体能素质和体型特点

① 脚踝活动范围[①]不是很大的游泳者要选择长脚蹼，长脚蹼能增加下肢踢水的推动力。

② 脚踝柔韧性较好的游泳者应选择短脚蹼，能够减轻对踝关节的压力，游得更快。

③ 自然踢水频率也会影响脚蹼的选择。踢水频率低的游泳者应选择尺码大、硬度高的脚蹼；踢水频率高的游泳者应选择柔软、短小的脚蹼。

---

① 脚蹼放大了脚踝的曲度，使脚踝的柔韧性提高，而脚踝的柔韧性是打水效率高低的关键因素之一。

3. 作战环境因素与脚蹼选择

① 泳姿：脸朝下还是侧泳。

② 水面蹼泳还是水下蹼泳。

③ 空间限制。

④ 保持体温。

基本原则：大小适中、穿着合脚。

挑选脚蹼时，应该综合考虑三个方面的因素：①脚蹼本身的设计特点；②自身的体能素质和身体条件；③任务要求。通过加大脚的面积，脚蹼能够增大腿的推进力。穿着脚蹼时，有两种踢水方式：向前踢水和向后踢水。下面以海豹突击队队员为例，介绍如何挑选脚蹼，以及怎样综合考虑这三个因素。

① 穿脚蹼：在海豹运输艇执行军事任务时，队员需要穿着脚蹼在艇上坐很长时间，此时队员需要保持体温，保持踝关节的柔韧性。由于空间有限，所以要选择短而宽的可调节式脚蹼，中间还能塞进保温材料，且能穿着保温鞋袜。

② 穿着脚蹼在水面游泳时，使用侧泳泳姿。侧泳时，向前收上腿，向后收下腿。向前踢水时用力较大，挑选脚蹼时应该注意这点。侧泳时，向前踢水需要更多的推进力。所以，当需要向前踢水和向后踢水共同推进时，需要选择较直的合成脚蹼，这样有助于提高游泳效率。

③ 水下潜泳时，往前踢水时脸朝下，往后踢水时脸朝上。向下收腿时要抵抗重力，因此产生的推进力小于侧泳中的推进力，此时考虑选择中等柔韧性、踏足板和脚对称的高科技脚蹼，还应该具有抗阻力功能，加速转化推进力，加快泳速。

④ 水下潜泳请选用短脚蹼。

<u>**挑选脚蹼的首要原则是要扩大脚的表面积。**</u>

推荐脚蹼的种类见表5–1，常用的脚蹼类型如图5–1所示。

表5–1 推荐脚蹼的种类

游泳的类型	脚蹼的种类
SDV作战[1]蹼泳	短脚蹼（注意考虑推进力因素。火箭脚蹼较宽，安全性高）
水下蹼泳	有降低阻力功能的脚蹼
水面蹼泳	直脚蹼

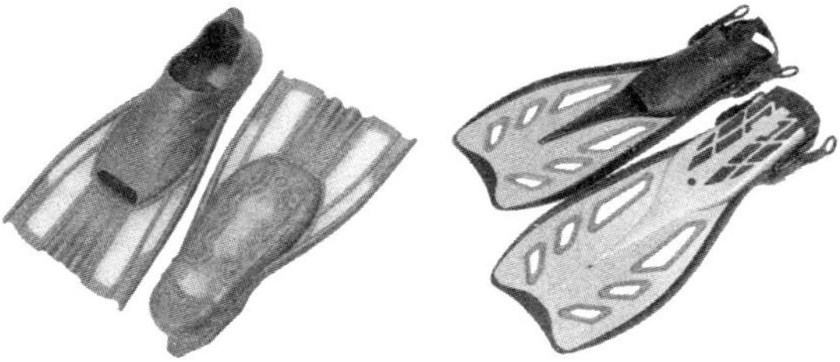

传统脚蹼　　　　新型可调式脚蹼

图5–1 常用脚蹼的类型

如果脚蹼过紧，容易使足部失温，还容易引发足部痉挛。如果脚蹼过松，泥沙则容易进到脚蹼之中，既会浪费体能，也容易刮伤脚部。可以在脚蹼中穿潜水鞋，潜水鞋上面的橡胶既可以增大摩擦力，也可以提高踢水效率。

① SDV作战：海豹运输艇作战任务。——译者注

4. 其他考虑事项

不同的脚蹼有弹性差异，约一半的运动脚蹼都有上浮功能和控制下沉功能。在选择作战蹼泳脚蹼时，要考虑这个因素。1996年4月，在罗戴尔呼吸器潜泳脚蹼评比测试中，价格不菲的格里拉（Scubapro Gorilla）、马尔斯/普兰娜阿凡提（Mares/Plana Avanti）、大洋海岸斯派克特拉（Ocean Edge Spectra）、美国潜水脚蹼（U.S. Divers Blades）、IDI蛙鞋（IDI Frog Foot）、普尔（Power Fin）等品牌荣获“最优脚蹼”桂冠，其中，IDI蛙鞋和普尔脚蹼连续多年获此殊荣。

尽管现代脚蹼普遍采用创新设计，科技含量较高，但是，一些经久耐用的老牌脚蹼在功能上并不亚于这些新型脚蹼。老式系带可调节式脚蹼有较强的灵活性，在鱼群或海藻中间可随意游行，泥沙也不容易进入脚蹼中；而新式可调节式脚蹼多配有扳扣，便于脱掉。老式脚蹼没有塑料扣带，损坏后容易找到配件，随便一家潜水用品店就能买到。此外，老式脚蹼在登上甲板时更跟脚，方便行走，不宜滑落。

海豹突击队队员在选择脚蹼时，不仅要考虑脚蹼的物理性能，还要综合考虑个人体型特征及作战需求选择合适的脚蹼。

5. 选择时要综合考虑以下因素

① 脚蹼的大小、硬度、重量、弹性、可调性，是否容易脱落。

② 大小合适，穿着舒适；试穿时，要穿戴相应的潜水鞋和潜水袜等蹼泳用具。

5.1.4 潜水面罩

长期在咸水水域或者浮游生物较多的水域潜水时，要佩戴潜水面罩，避免眼部受到刺激，造成眼部损伤。

5.2 户外游泳训练

户外游泳训练有不可替代的功效。在户外进行游泳训练时，游泳者被迫向前直游，能提高相应的呼吸换气能力。户外集体训练可以有效增进体能，是海豹突击队常用的训练方法。其中，户外蹼泳是最有效的训练方式。

在军事户外游泳训练中，与自由泳相比，更侧重于使用双脚交替踢水的侧泳训练。

执行军事任务或者在汹涌的海面进行游泳训练时，为了避免被海浪拍打，提高泳速前进，游泳者需要综合运用剪水推进的腿部技术和侧泳的手臂划水技巧。与自由泳一样，侧泳中的手臂划水技术同样很重要。侧泳时，双臂交替划水以保持身体平衡，主要靠腿部踢水获得推动力。要想掌握正确的游泳技术动作，需要专业教练的指导。

5.2.1 水温因素

海豹突击队进行户外游泳训练，必须要考虑水温问题。尽管在游泳过程中，身体会产生热能，但是，当游泳者游到没有“加热”的低温水域时，就会损失热量。因此，进行户外游泳训练时，要采用被动保温措施来维持体温，尤其是要穿着潜水衣。被动保温措施有三个决定要素：水温、游泳距离、体能消耗水平。

请注意，当海水进入潜水衣时，身体会慢慢将这层水加热成与体温相当的温水，身体隔着氯丁橡胶与外界海水隔离，达到保温效果。因此，潜水衣会减少人体的热量损失。本节主要介绍户外游泳训练知识。

已经有人对低温环境训练的“低温水标”因素做出如下研究。

①未穿潜水衣的两人同时潜在水温极低（低于4.4℃）的水池中，游泳者的体温比静止不动者的体温下降得快，这是因为在游泳过程中，身体产生的热能无法满足热能消耗需要，而保持静止可以将热能传递到身体周围的水里，能相对降低热能消耗。

②然而，在较低水温（20℃左右）的水池中，优秀的游泳运动员能保持体温，行动自如，游泳产生的热能能够维持身体热能消耗需要（尽管游泳者可能会手脚冰凉）。在这种情况下，游泳者的保温能力比静止者的保温能力强。目前我们还没有研究出准确的基点：为了保持身体热量平衡，在哪个温度以下应该保持静止，在哪个温度以上应该通过潜泳维持机体热量平衡。

被动保温措施能够通过导热隔离材料减少热量损失，维持人体的热量平衡。因此，游泳者可以通过采用这些被动保温措施，延长水底的潜泳时间。表5-2是3200米高强度潜泳训练方案。

表5-2　3200米高强度潜泳训练方案

训练项目	水温（℃）	保温措施
3200米潜泳	＞17.8	无
	17.2~17.8	泳帽
	15.6~17.2	潜泳上衣/泳帽
	10~15.6	全套潜水衣/泳帽

5.2.2 其他注意事项

潜水衣、脚蹼经常会划伤、擦伤手脚。可以加穿轻薄的无底专用潜水鞋，或在易刮伤处涂抹凡士林或者其他软膏预防刮伤。

经常在冷水中进行游泳训练的游泳者，其身体机能已经发生了适应性改变。他们应对极限情况的耐力较强。这些游泳者平时可以补充高脂肪食物，增加冷水游泳所需的脂肪。这是身体机能的正常适应性，但是，对于进行跑步训练的人来说并非好事，不利于他们提高全身体能素质。

冲浪训练能够有效提高游泳技能，增强游泳者在汹涌的海域中游泳的自信心。可以使用中型脚蹼（如短脚蹼）训练冲浪，虽然方便训练，但由于中型脚蹼过小，并不能准确踏浪。若非专家建议，请勿购买弹性较大的套脚脚蹼。

注意保持正确的冲浪姿势，头要低垂，一只手臂伸到头部上方。

这样的动作有利于保护脊柱，在多变的大海浪中，肩部脱臼远远好于脊柱受损导致的瘫痪。要避免在近海岸冲浪，因为很难预测这里的海浪走向，有可能把你直直地冲向海岸沙石，造成损伤；相反，应该选择“中间回落向两边斜面推进的”浪形，这样的海浪起来后，会向深海消退。

户外游泳训练还要注意另外一个问题：鲨鱼攻击。鲨鱼通常只袭击落单的游泳者。在外海训练自由泳时，一只手臂经常浮出水面，此时最容易遭到鲨鱼的攻击。要避免在鲨鱼经常出没的水域游泳，哪怕是多人集体游泳。当然，鲨鱼偶尔也会攻击成群的游泳者，例如圣迭戈拉赫拉海湾鲨鱼“吃人”事件：那天正在进行铁人三项竞赛，大白鲨连续攻击了多位参赛选手。除此之外，还应避免夜晚去外海游泳；在冲浪受伤流血后，请停止训练，应立刻上岸。

一般情况下，鲨鱼基本上不攻击成群的游泳者。

5.3 室内游泳用具

5.3.1 游泳护目镜

游泳护目镜简称泳镜，是室内游泳训练的必备用品。泳镜一定要大小合适，能够紧扣眼部。高性能防雾泳镜效果好，但是它售价较高，而且频繁使用会降低防雾功能。

5.3.2 浮板

浮板是学习游泳的必备用具。市面上的浮板种类繁多，型号、形状各异，但是基本性能几乎一样。

5.3.3 夹板

夹板的售价不高，却是游泳训练不可或缺的工具。针对不同的训练，夹板有不同的用法，但主要用法是夹在双腿之间作为辅助训练工具。

5.3.4 划水板

划水板用于自由泳训练中，有助于体会臂部划水的感觉。

5.3.5 可调式脚蹼

可调式脚蹼是一种价格较高的短脚蹼，有益于游泳训练，但并不是必备用品。它有助于翻腾式转身训练。其他的短脚蹼和冲浪脚蹼也有相似的功能。

5.3.6 鼻夹

游泳时，由于水波常常会把水冲入鼻孔，导致呛水、咳嗽，尤其是初学游泳者，所以为了防止水进入鼻孔，最好准备一个鼻夹。鼻夹可强制人用嘴吸气，而不用鼻吸气，可以避免呛水。本章在后面介绍的仰泳训练中使用鼻夹，使队员能更舒服地完成相关训练。

5.4 室内泳池训练：提高力量素质和耐力素质

在泳池内训练有利于提高训练质量，比较容易控制训练节奏，安全性也较高。间歇性泳池训练较容易评估训练效果，因为计时器不会说谎。根据自身的需要，可以有针对性地制订不同强度、不同内容的训练计划，这是户外游泳训练无法比拟的。海豹突击队队员进行军事体能训练时，室内游泳训练和提高游泳技巧是可选择的训练项目。室内游泳训练可以提高游泳者对水的掌控力，大幅度提高水上作战技能。

与跑步不同，游泳不是一种能凭直觉进行的运动。

5.4.1 热身运动

在热身准备运动中，至少游400米，还要进行踢水训练和划水训练。充分的准备运动可以使肩部和上背部避免受伤。

热身运动的目标心率应该在最大心率的60%左右。

进行热身运动时，注意进行高效的自由泳训练。热身准备活动应包含各种泳姿及技巧。

5.4.2 间歇游泳训练的基本原则

室内游泳训练的首要目标是提高耐力，海豹突击队队员主要采取间歇训练法。间歇小组训练分为耐力训练和力量训练两种，每组训练时间通常从45秒至4分钟不等。基本训练原则如下。

① 进行5~10分钟的中低强度热身锻炼，激活肌肉组织和心肺代谢器官。

② 进行无氧训练时，通常练到精疲力竭，不能再继续训练为止。小组训练内，一般没有重复次数上限，但是，每次的训练距离通常在50~100米，每次持续时间约为45秒。

③ 最重要的是，预设的运动强度要以最大运动强度为宜。如果训练者不能维持该强度，应立即中止训练。

④ 训练休息比率：在间歇训练中占有很重要的地位。比率是1：1时，进行45秒钟的训练，伴随45秒的恢复性锻炼；比率是1：2时，进行45秒钟的训练，伴随90秒的恢复性锻炼。

⑤ 为了激发耐力适应能力，两组训练之间的间歇休息时间应少于30秒。想得到最佳训练效果，最好控制在15秒以内。

⑥ 为了激发无氧适应能力，两组训练之间的间歇休息时间应超过60秒，并且控制在2倍于每次重复游泳时间以内。此时的训练效果和每次重复游泳距离和持续时间无关。

⑦ 不考虑游泳距离因素，休息时间越长，越能利用无氧代谢系统。休息时间越长，激活有氧代谢系统的时间就越长。休息时间越短，越能利用有氧代谢系统，尤其是在训练后的初期恢复阶段。

间歇训练是一种游泳训练的基本方法。

表5-3介绍了训练不同代谢系统所对应的间歇游泳训练方法。第一组是高强度、短距离游泳训练，中间的休息时间较长，这种训练有利于提高无氧代谢功能（CP）和过渡性代谢（乳酸-CP）系统的代谢功能。第二组是中低强度的长距离游泳训练，中间的休息时间较短，这种训练方法有利于提高有氧代谢功能。

表5-3　间歇游泳训练中的供能系统

乳酸-CP供能系统
训练1：10×100米间歇休息时间为45秒 10＝训练重复次数（组次） 100米＝游泳距离

续表

有氧代谢系统
训练2：5×200米间歇休息时间为5秒 5＝训练重复次数（组次） 200米＝游泳距离

<u>**游泳计时器可以有效地测量间歇时间，也可以用潜水表代替测量。**</u>

5.4.3 间歇分组训练：耐力训练

1. 自由泳训练：10×50米训练，间歇休息时间为5秒

① 每2组训练之间休息5秒。

② 以高效的侧泳开始，然后开始快速长距离游泳。注意不要踢水过度、用力过度。

③ 把握运动强度，为1000米的游泳训练做准备。

2. 自由泳训练：50 — 50 — 100米训练，间歇休息时间为5秒

① 进行2组50米自由泳训练，中间休息5秒，然后再重复3组100米训练，组间休息时间为5秒。

② 100米游泳的强度与50米游泳的强度相当。

③ 稍微放松一下，为接下来的100米游泳训练积蓄力量。

④ 可以根据自身情况，在每个50 — 50 — 100米训练中增加15秒的休息时间，更有助于提高训练效果。

⑤ 这种增强式训练可以有效地提高耐力素质和节奏感。

3. 自由泳训练：10×100米训练，间歇休息时间为10秒

① 每2组100米训练之间休息10秒。

② 连续高效游泳。这组训练之后，可以缩短1000米游泳的用时。

4. 仰泳训练：50 — 50 — 100米训练，休息时间为5秒

① 训练步骤和自由泳50 — 50 — 100米训练一样。

② 训练过程中，注意把握训练强度。

5.4.4 间歇分组训练：力量素质和爆发力训练

1. 自由泳训练：10×50米训练，间歇休息时间为30秒

① 采用较快的速度游进，并且越游越快，结束时的速度更快。尽量在45秒内完成50米，相当于200米游泳比赛的速度。

② 刚开始训练时，完成5组50米训练即可，间歇休息时间为30秒。

③ 这是训练爆发力最有效的训练方式。在训练过程中，有利于发现真正的最大心率，如果1组训练后感到很疲惫，可适当加长休息时间，以保证下组的训练速度。

④ 如果觉得完成这组训练不费吹灰之力，可以加脚蹼进行训练。

2. 自由泳训练：10×100米训练，间歇休息时间为45秒

① 游进速度与50米间歇训练的速度相同。该组训练适合泳技较高的泳者，帮助其完善泳姿，还可以锻炼爆发力；但是，训练不宜过频，最大频率是隔周训练。

② 可以根据游泳距离调整间歇休息时间。

3. 仰泳训练：50 — 50 — 100米训练，间歇休息时间为30秒

高速仰泳训练后，应该休息30秒钟。仰泳的体能消耗较大，和骑车一样，容易对背部造成损伤，却又不易察觉。

5.4.5 综合游泳训练

进行室内游泳训练时，要综合运用各种训练方法。开始训练时，注意循序渐进、把握强度，当体能提高后，应适当提高训练强度与难度。应该交替进行有氧、无氧训练，样例如表5–4所示。通过综合训练，全面提高潜泳作战能力。

表5–4 无氧、有氧训练样例

（游泳耐力训练强度样表）

无氧训练
600米热身运动
5组50米游泳训练，每组均在45秒内游完，组间休息15秒
5组50米游泳训练，组间休息30秒
5组50米自由泳游泳训练，组间休息45秒
200米低速游泳训练
5组100米自由泳游泳训练，组间休息45秒
5组100米自由泳游泳训练，组间休息90秒
500米低速游泳有氧训练
有氧训练
400米热身运动
5组200米游泳训练，组间休息15秒
10组100米自由泳游泳训练，注意保持同一速度，组间休息10秒
200米低速游泳训练
5组200米自由泳游泳训练，组间休息5秒
10组100米自由泳游泳训练，注意保持同一速度，组间休息5秒
400米低速、放松游泳训练

5.4.6 水下游泳训练

水下游泳训练需要游泳者有较高的闭气技巧。尽管潜水训练指南中并不赞同进行水下游泳训练，但是，要想成为一名出色的海豹突击队队员，就必须进行水下游泳训练。专门进行这种训练有助于提高身体机能和作战能力。进行水下训练时，必须遵循以下两条准则。

① 进入水底前，不要强力呼吸。

② 训练时必须有人陪同，请勿独自训练。

5.4.7 变换训练强度

训练时，注意把握训练强度，避免连续进行高强度的训练，应交叉进行低、高强度的训练。竞速游泳训练，每周至少进行4天的高强度训练，这有利于保持泳速。游泳可以有效地放松跑步或力量训练后紧绷的肌肉。

游泳训练涉及很多的力量训练技巧。首先，臂部肌肉和肩关节在游泳时得到了全方位训练，为了保持躯干平衡，肌肉必须持续收缩，因此，必须进行臂部力量训练，防止游泳训练后出现肌肉紧绷等损伤。

滑轮拉力训练可以大大提高游泳者的臂力。健身房常见的滑轮拉力器分为两种：稳定下杆滑轮拉力器和双滑轮拉力器。最好分别设定每个手臂的滑轮下杆阻力，滑轮拉力器能够提供等张肌力，模拟游泳时水的阻力。重心放在较低的手臂一侧，每组下杆训练的时间控制在1~1.5秒。抬起时稍微控制一下，以免因为拉得太快误伤自己或他人。

<u>训练者应采用高重复次数训练，每组至少重复训练10次。</u>

很多游泳爱好者都有游泳模拟训练器，能进行模拟自由泳和仰泳训练。游泳训练器实际上就是固定在滑轮上的一根尼龙绳，可以为左右手提供阻力（模拟划水阻力）。在密闭空间训练时，每天也可以运用这台设备进行40~50组训练。它就像游泳训练者的小型力量训练室，可以有效地提高游泳者的力量素质。

交叉训练项目包括划船、赛艇、橡皮艇、越野滑雪等训练。

上述这些训练项目都可以作为游泳训练的辅助训练，能够有效地锻炼臂部肌群。除此之外，这些项目还可以有效地锻炼相关髋关节肌群、肩部肌群，有利于提高游泳的训练效果。

5.5 如何提高游泳技术

基本游泳技术可以有效地降低呼吸频率（仰泳除外）。如果不能及时吸入足够的氧气，或者没有及时排出二氧化碳（在水底不能用鼻子呼吸），会引发呼吸节奏紊乱，从而导致疲劳，影响游泳水平。跑步的呼吸技巧和游泳迥然不同，这也是游泳训练普遍采用间歇训练的原因。跑步训练时可以进行屏气训练，不过，如果游泳训练者也采用这种方法的话，必然不会成为一个优秀的游泳者。海豹突击队队员都要经过长期的游泳训练，因为掌握丰富的游泳基本技巧有助于提高训练效果和作战能力。

本节主要介绍三种基本游泳项目：自由泳、蛙泳、侧泳，它们也是海豹突击队队员的常用泳姿。大部分游泳训练者都采用混合泳训练法，以避免肌肉劳损等其他损伤。想要成为出色的游泳者，必须经过长期的刻苦训练。想要提高速度，必须掌握相关的技术。泳姿不规范还容易引发训练损伤。训练过程中最好结伴训练，这样有助于及时发现问题、改善技术，也可以请专业教练指导训练。不管是多么优秀的游泳者，都需要定期请教练指导训练，完善泳技。

5.5.1 游泳的基本原理

游泳时，身体会遇到水的强大阻力，因此，获得强大的推动力极为重要。提高速度的关键就是最大限度降低阻力、提高推动力。解决这个问题的基本技巧，就是身体从一侧翻到另一侧，双臂交替划水，清除水的阻力同时，还可以放松臂部肌肉。咸水与淡水相比，在前者中的泳速更快，因为咸水的浮力较大，可以抵消一部分阻力。还有很多方法可以减轻阻力，提高身体推动力，从而提高泳速。

5.5.2 常用泳姿

1. 自由泳

对于初学者而言，夹板有利于游泳者集中训练臂部划水，提高臀部在水面的位置，从而减轻水的拉力。自由泳中，大概90%的推动力都来自臂部划水。

正确的臂部划水姿势由一系列的划水动作构成。简言之，游泳时，臂部就是身体的推进器。图5–2、图5–3、图5–4分别从侧面、前面、下面等不同角度，给出了自由泳的技术动作图。该姿势由马克·斯皮茨创造，由游泳生理学家詹姆斯·康西尔曼解析。请注意臂部的循环动作。

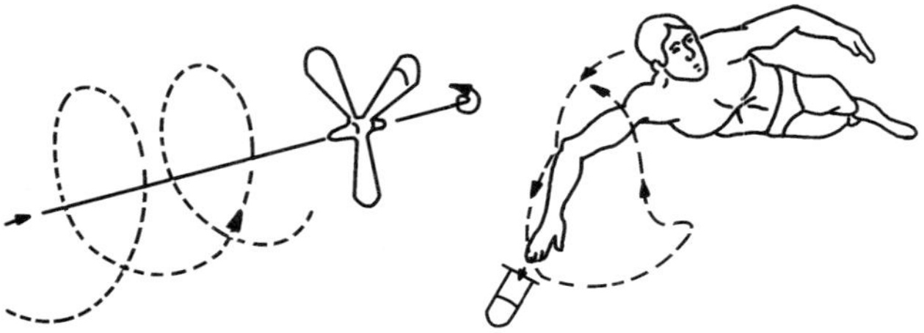

图5–2　自由泳与螺旋桨推动原理对比图

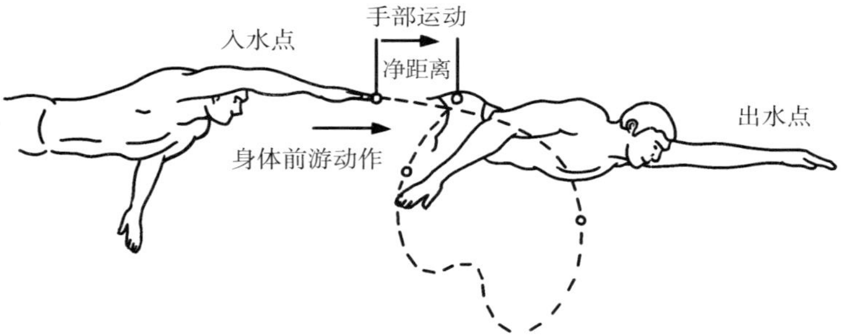

图5–3　马克·斯皮茨式自由泳

如图5–3所示，这是一名游泳冠军的抓水姿势，可以看到他的手臂先是向下滑，然后迅速向身体后方划水。

图5–4展现了从水下仰视S形划水的过程。游泳者起初向外划水，然后在手臂向身体后上方抓水时，向内划水，并以这个外翻动作结束这侧手臂的划水姿势。

这是一个完美的S形划水动作。请注意，这个动作不管是在水面还是水下都呈S形。这确实是一个高难度动作，由此可见，请专业的教练指导很有必要。

很多方法都可以训练S形划水，单臂自由泳划水训练主要训练臂部动作。单手划水训练可以培养翻身和两臂的协调配合能力。利用辅助滑水板训练，则有助于提高水感和划水感。

<u>使用划水板有助于控制身体姿势。</u>

图5–5从其他角度展现了马克·斯皮茨式自由泳的泳姿。从前方看，手看似画了圈，但是从侧视图可以看出，手臂向身后划水时，有一个爆发力很强的抓水动作。

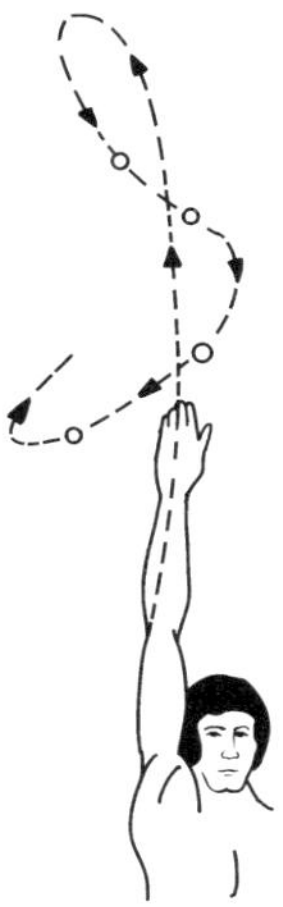

图5–4 马克·斯皮茨式S形划水仰视图

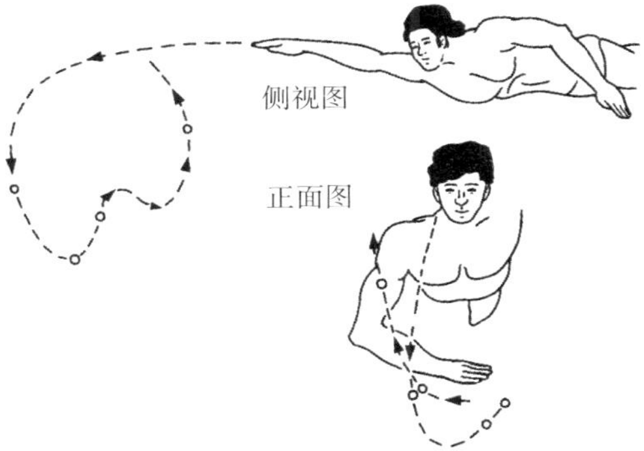

图5–5 马克·斯皮茨式自由泳的侧视图和前视图

2. 蛙泳

蛙泳的主要技术动作就是打水，主要推动力来自腿部动作。通过收腿和翻掌获得助推力，以脚掌和小腿内侧形成最大的对水面，直接向池底打去，产生最大动力。要想掌握该动作的要领，需要有专业教练进行指导。

手划水也会产生助推力。训练手臂划水的有效方法就是不借助腿部踢水的助推力，单独训练手臂划水，也就是“蛙泳划水”。这种训练方法可以提高水感，而且也适用于其他三种泳姿的训练。

3. 侧泳

掌握侧泳的动作要领很重要。海豹突击队队员经常在比较危险的外海执行任务，需要手臂和腿的完整配合来积蓄体力和增加推动力，以完成长距离的游泳任务。身体任意一侧的侧泳必须都要掌握，以应对突如其来的海浪和其他危险状况。

与自由泳不同，侧泳时手可以不出水，在水下偷偷游进，因此，海豹突击队队员可以在水下和队友保持密切联系。前面介绍的自由泳划水动作要领同样适用于侧泳。侧泳时，两手臂交替划水，上手臂就像一个向前推进的螺旋桨，上手臂划开身体前方静止的水，同时下手臂伸展，划开身体下前方的水。

穿着脚蹼有助于增大打水的助推力，但不适于水面侧泳。侧泳有高效、迅捷、省力的独特优势，能在长距离游泳中保存体力。使用脚蹼时，其主要助推力来自腿部，手臂划水的助推作用较小。

5.5.3 训练方法

1. 脚蹼打水训练

脚蹼打水训练是一种绝佳的训练方式。训练时，游泳者注意不要过度依赖浮板，否则会造成背部损伤。侧泳虽然优点多，但是需要布置好泳道、插好旗标，以免游偏，撞伤头部。向斜下方交替踢水是主要的踢水动作。

脚蹼打水训练是提高腿部力量的基本训练方法，也是海豹突击队的一种专项训练。同时，还可以辅助进行一些胸肌、臂部相关的肌肉训练。穿脚蹼游泳时，热身活动已使腿部肌肉处于激活状态，为长距离游泳训练做好了准备工作。进行10~12组的高强度游泳训练，中间间歇休息时间不超过10~15秒，总共训练时间控制在10分钟之内；在户外穿着脚蹼进行游泳训练时，最好降低强度，进行节奏较慢的长距离游泳训练。

① 短距离脚蹼打水训练：进行25米训练，此训练容易发现手臂划水存在的问题。训练过程中会消耗大量的氧气，从而提高无氧代谢能力。它还是提高腿部力量的绝佳训练方法。速度越快，效果越好。

② 法特莱克训练脚蹼打水：运用此方法时，请勿使用浮板。以较低的强度打水，然后右脚增大打水力度，此时双手伸出水面—进行高强度动作—低头入水，同时低强度打水，然后左脚高强度打水，双手伸出水面。重复训练多次。此种训练方法尤其适合长泳池（45米）训练。

③ 脚蹼重复训练法：辅助浮板，进行50米交替打水训练，休息10分钟，再进行50米打水训练，重复10组。

2. 其他自由泳训练方法

① 单臂自由泳训练：有无夹板均可。注意不要采用翻转式转身，该训练方法侧重训练特定的手臂划水技巧。

② 单手划水训练：一只手臂伸出水面保持不动，另一只手臂划水，然后往前伸碰触上臂；换手臂重复这一动作。这一训练方式有助于提高泳速。

③ 握拳自由泳：握紧拳头游泳。有助于训练前臂的划水技巧。训练时，请勿使用夹板。

④ 指尖划水训练：在回臂的时候，用指尖划过水面。在手臂恢复性训练中，可以提高手臂和手部的划水技巧。

5.6 常见问题

泳池训练往往容易引发过敏症。病因是吸入过量的次氯酸消毒水，症状包括肺功能下降等。以下方法可以避免过敏：

① 佩戴游泳护目镜；

② 佩戴鼻夹；

③ 避免吸入泳池里的水。

06

力量素质训练

肌肉的力量素质训练和耐力素质训练有利于提高海豹突击队队员的基本战斗力（灵敏素质、速度素质、力量素质和耐力素质）。本章主要介绍肌肉力量训练和耐力训练的基本原则及其具体训练技巧。单纯提升力量素质并不能提高作战水平，但是，经过军事体能专项训练，可将力量素质转化成肌肉耐力素质，这样就能提高作战水平。力量素质训练的主要目标是提高实用性力量（Applied Strength），因为它能提高战斗力，满足作战需要。此外，本章还会介绍肌肉力量训练的相关概念，以及如何避免训练损伤，注重力量训练的实用性和全面性。

6.1 力量训练用具及器械

进行力量训练，不需要准备过多的个人用品，只需要一双支撑力较好的运动鞋、大小合适的举重手套，以及一身体能训练运动服。当然，也可以准备一条举重腰带，它可以有效保护背部免受伤害。

日新月异的科技为力量训练器械的发展提供了必备条件，制造出适合各个身体部位的训练器械。训练者可以根据自身需要，制订一个训练计划，既可以进行自由力量训练，也可以使用器械训练，或者采取混合训练法。表6–1总结了两种训练的优点和缺点。

表6–1　自由力量训练和器械训练的对比

对比点	自由力量训练	器械训练
使用方便性	训练方便；所需空间小；需要使用测力计	必须去健身房或其他健身场所；不需要测力计
技能要求	比器械训练技能要求高	技能要求较低；容易使用
运动类型	动力性力量训练	运动幅度有限
运动强度	可以进行多种训练；有利于改善身体两侧肌肉的力量平衡性	可提供各种阻力训练；训练方式有限
锻炼肌肉类型	主要肌群及周边肌肉	特定肌群；针对性强

6.2 基本原则及相关术语

作战任务要求协调锻炼上、下身的肌肉。骨骼肌平衡训练通常有两种训练方法：阶梯式力量训练法和间隔式力量专项训练法。

阶梯式力量训练法是指上、下身同时训练，这种训练方法的特点是突出极限强度，几乎每周、每天和每个训练都要求接近、达到甚至超过本人当天的最高水平（经过一段时间训练，当训练者能够在原最大能力的重量上成功完成2次时，就可以增加新的重量。每级阶梯的训练时间为 2 周。如果运动员不能承受新的负荷，则退回到原来的阶梯训练 2~3 天后，再继续增量）。

间隔式力量专项训练法是指把肌肉群分开，在不同的训练日训练。例如，周一、周四训练上身肌肉，周二、周五训练下身肌肉。通过科学的训练方法，可以提高体能，避免损伤。

6.2.1 最大重复值

最大重复值“RM”是英文“Repetition Maximum”的缩写，是力量训练的基本术语，中文释义为“最大重复值”，引译为“最大重复次数”“最大重复次数的重量”或“一定重复次数的最大重量”。在健美锻炼活动中，RM被约定俗成地规定为“能够重复试举一定次数的负荷重量”，例如，1RM就是能重复1次举起的最大力量，5RM是指能重复5次举起的最大力量。假如一名海豹突击队队员能重复5次举起22千克的物品，那么他的5RM为22千克。

1RM就是能重复一次举起的最大力量。

6.2.2 FITT原则

力量训练是海豹突击队军事体能训练的基本训练内容之一，队员为了提高战斗力，满足作战需要，所以平时不能忽视力量训练。正确理解训练的**频率**、**强度**、**时间**、**类型**（Frequency，Intesity，Time，Type，简称“FITT原则”）的意义，有助于提高训练的效果。

训练**频率**由力量训练的时间决定。海豹突击队队员整日忙于训练，力量训练时间受日程表所限，所以，应注意制订好训练计划。例如，每周只能进行2次（天）全身阶梯式训练，还可以进行其他辅助力量训练。如果不能抽出2天进行力量训练，请记住，练一次总比不练好。但是，必须保证每周至少2次的间隔式力量专项训练，以保证肌肉平衡。因此，间隔式专项训练比阶梯式训练耗时长。

海豹突击队队员要抽时间进行阶梯式力量训练。

训练**强度**是力量素质训练中最关键的一个要素。训练强度又叫负荷量，是指每次重复训练的力量，是一项训练中RM的百分比。为了取得最佳训练效果，建议采用不同的训练强度。进行肌肉耐力训练时，每组可重复进行20~60次30%~50%的1RM力量训练；进行肌肉力量训练时，每组可重复进行1~12次65%~90%的1RM力量训练，具体训练强度由每周的训练时间而定（见表6-2）。海豹突击队队员应同时进行力量训练和耐力训练，强度在最大力量的30%~90%。这种方法的训练效果最好，可以大大提高队员的战斗力。

训练**时间**由具体训练计划决定。通常来讲，30~60分钟的力量训练就足够了，阶梯式训练方法和间隔式专项训练方法都可以。

训练**类型**可以根据训练计划进行实时调整，训练手段主要包括自由力量训练和器械力量训练两大类。阶梯式训练法适用于小组训练，而间隔式专项训练适用于单人训练。表6–2总结了FITT原则的相互关系。

力量训练以及其他与任务相关的训练（如障碍课程、游泳、跑步、弹跳及攀爬）为培养合格的海豹突击队队员奠定了基础。

表6–2　FITT原则在全身阶梯式力量训练中的应用

全身阶梯式力量训练
训练频率：每周2次
训练强度：30%~90%的1RM
训练时间：30~60分钟
训练类型：阶梯式力量训练

6.2.3 肌肉平衡训练和具体训练项目

制订训练计划时，一定要注意保持肌肉平衡。要注意平衡肱二头肌和肱三头肌的力量训练、股二头肌和股四头肌的训练。如果各个肌肉组织之间失去平衡，必将导致损伤。

力量训练计划的首要目标是提高综合体能素质，提高作战能力。

进行力量训练时，可交替进行多种辅助训练项目。表6–3介绍了身体各部位肌肉的训练方法。从小腿到肩部各部位的训练项目都囊括其中。

表6-3 身体各部位肌肉的训练方法

身体部位	训练方法	
腿部	半蹲	机械伸腿
	仰卧小腿屈伸	俯卧腿弯举
	3/4蹲	站立提踵
背部	双臂下拉	单臂哑铃划船
	反手俯立划船	背屈伸/山羊挺身
胸部	卧推	上斜哑铃卧推
肩部	颈后推举	直立划船
臂部	重锤下压	弯举

6.2.4 如何测量RM

测量最大重复值的目的在于适应训练强度。为了安全起见，应该从测量5RM开始。测量当天，请勿进行任何剧烈运动，测试前做好热身运动。请准备好测力计，建议采用自由力量训练用具（哑铃等）进行测量。

① 选择一个可以轻易重复举起10次的重量。

② 重复举重10~15次。

③ 休息2分钟。

④ 根据前组的举重情况，适当加重2%~10%。

⑤ 重复举重6~8次。

⑥ 休息2分钟。

⑦ 根据前组的举重情况，适当加重2%~10%。

⑧ 休息3分钟。

⑨ 重复举重5次，该举重重量为5RM。

通过增加重量、减少重复举重次数而获得重复5次的举重重量为5RM。

表6-4以卧推为例，教你如何测量5RM（初始重量为50千克）。通常情况下，5RM是87%的1RM，10RM是75%的1RM。因此，如果你的5RM为72千克，那你的1RM就是82.8千克，10RM是62.1千克。通过测算5RM，可以得出1RM，有助于确定训练负重量（示例见表6-5）。表6-6总结了运动强度（最大重复值RM的百分数）、重复次数、能量代谢系统和休息时间的相互关系。请注意，有如下三种能量代谢系统。

① 糖酵解代谢系统（ATP-CP无氧代谢系统）为高速运动提供能量，例如冲刺。

② 乳酸盐和糖酵解混合代谢系统（LA, ATP-CP）为30秒以上、3分钟以下的剧烈运动提供能量。

③ 有氧代谢系统（Aerobic）为长时间的平稳运动提供能量，例如长跑和长距离游泳。

$$1RM = 5RM \times 1.15$$

表6-4 如何测量卧推的5RM

组次	重复次数	重量	中间休息时间
10分钟的热身准备运动			
1	12~15	50千克	2分钟
2	10~12	55千克	2分钟
3	6~8	61千克	3分钟
4	5	72千克	测量结束

表6–5　通过5RM，计算1RM

例一：5RM = 75

1RM = 5RM × 1.15 = 75 × 1.15 ≈ 86

例二：5RM = 136

1RM = 5RM × 1.15 = 136 × 1.15 ≈ 156

表6–6　基于1RM的训练强度表

%1RM	组内重复次数	每组训练之间的休息时间（分钟）	能量代谢系统
≥95	1	3~5	ATP/CP
80~95	2~5	3~5	ATP/CP
65~80	6~10	2~4	ATP/CP/LA
50~70	8~15	2~4	ATP/CP/LA
30~50	15~16	1~2	LA/Aerobic

摘自《体育锻炼中的力量训练》。

6.2.5 分期式力量训练

分期式力量训练（Periodization）是指通过改变训练变量（每组训练的重复次数、训练项目、训练强度、间歇休息时间），以达到提高肌肉耐力、力量和全面提高身体机能的目的。例如，你正针对一个竞技项目进行力量训练，你肯定想在比赛时而不是在那之前爆发出最佳水平。因此，你必须制订出相应的训练计划来达到这个目标。

总体来说，分期式力量训练包含三个阶段。第一个阶段是热身准备环节。这个环节大概持续4周，大部分训练者都能做好准备运

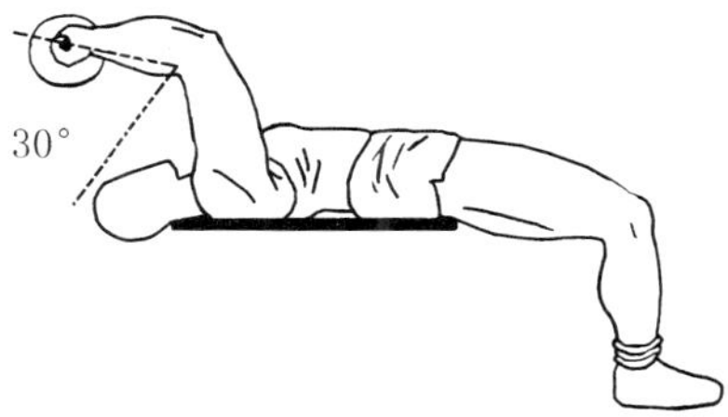

动。第二个阶段是力量提升环节，大概持续4~7周，具体训练时间由力量训练计划决定。第三个阶段是耐力提升环节，大概持续8~12周，具体训练时间由整个计划决定。表6–7是为期1年的分期式力量训练计划，有3个为期7周的力量训练子计划，每个力量训练后会有12周的积蓄式耐力训练子计划。训练者可以根据自身需要，按比例调整整个训练计划。

肌肉耐力训练阶段的目的是增加肌肉力量，并把其转化成任务应用型力量。

表6–7　肌肉分期式力量、耐力训练年计划

9月	10月	11月	12月	1月	2月	3月	4月	5月	6月	7月	8月
力量训练		耐力训练			力量训练		耐力训练			替换性运动/积极性恢复训练	力量训练

摘自《体育锻炼中的力量训练》。

每周应该根据训练类型——是力量训练还是耐力训练——调整训练强度，不能一直以同一个强度训练。表6–8和表6–9分别介绍了力量训练阶段和耐力训练阶段的负荷强度，以及每组重复训练次数。训练者可以根据这一模板制订自己的分期式训练计划。请注意，每周训练2次。

表6–8　力量训练阶段

（每周进行2天的阶梯式训练）

周次	第一组	第二组	第三组	第四组	第五组
第一周开始训练时测量5RM					
1	50%×12	70%×8	70%×8	80%×6	80%×6
2	50%×12	70%×8	80%×（4~6）	80%×（4~6）	85%×（3~5）
3	50%×12	75%×8	85%×（3~5）	85%×（3~5）	90%×（3~5）
4	45%×15	75%×（6~8）	75%×（6~8）	80%×（4~6）	80%×（4~6）
5	55%×12	75%×8	85%×（3~5）	85%×（3~5）	85%×（3~5）
6	55%×10	75%×8	85%×（3~5）	90%×（1~3）	90%×（1~3）
7	55%×12	75%×（6~8）	75%×（6~8）	80%×（4~6）	80%×（4~6）

表6–9　耐力训练阶段

（每周进行2天的阶梯式训练）

周次	第一组	第二组
第一周开始训练时测量5RM 开始训练时采用30%的负荷：重复次数比负荷重要		
1	（30%~50%）×20	（30%~50%）×20
2	（30%~50%）×30	（30%~50%）×30
3	（30%~50%）×40	（30%~50%）×40
4	（30%~50%）×35	（30%~50%）×35
5	（30%~50%）×45	（30%~50%）×45
6	（30%~50%）×50	（30%~50%）×50
7	（30%~50%）×40	（30%~50%）×40

续表

周次	第一组	第二组
8	（30%~50%）×55	（30%~50%）×55
9	（30%~50%）×60	（30%~50%）×60
10	（30%~50%）×50	（30%~50%）×50
11	（30%~50%）×40	（30%~50%）×40
12	（30%~50%）×30	（30%~50%）×30

也许表6–9中每组负重训练60次对训练者来说有些陌生，但是，这的确是最有效的力量耐力训练方法。经过这阶段的训练后，你会惊奇地发现，自己的肌肉耐力得到了突飞猛进的提高，能完成以前想也不敢想的剧烈运动。

6.2.6 举重训练技巧

正确的举重训练技巧对于达到最大力量来说至关重要，而且还能避免训练损伤。其主要技巧包括动作姿势、训练速度和呼吸技巧三个方面，即采用正确的姿势，使用合适的重物进行举重训练。如果姿势不正确，不能将错就错，必须及时改正，否则会增加受伤的风险。无论进行哪种举重锻炼，都要采用适当的速度。例如，进行卧推、推举、深蹲、双臂屈伸、重锤下压等训练时，每个方向的推进速度应该控制在1~2秒。姿势越正确，速度越适当，受伤的风险就越低，取得的效果也越好。

通过控制运动速度来锻炼特定的肌肉组织。

使用自由训练器械时，注意结合使用测力计。各种技术动作技巧详见附录A，及时改正错误的训练姿势。

举起、提拉重物时，呼气。

进行举重训练时，要采用正确的呼吸技巧。举起重物时呼气，放下重物时吸气。如果呼吸不当，在举起重物时，吸气极易引发高血压，对心脑血管系统造成损害。举重训练时，训练者还要注意千万不要屏住呼吸。

6.3 训练强度

表6–10和表6–11分别介绍了如何使用循环训练法提升肌肉力量和肌肉耐力。其他训练方法参见表6–8和表6–9。记住，分期式力量训练对于全面提高肌肉力量和肌肉耐力起关键作用。

表6–10　第一周：肌肉力量的循环训练计划

训练动作	组次（运动强度%1RM和每组重复次数Reps）				
	1 （%/Reps）	2 （%/Reps）	3 （%/Reps）	4 （%/Reps）	5 （%/Reps）
半蹲/仰卧小腿屈伸	50/12	70/8	70/8	80/6	80/6
双臂下拉	50/12	70/8	70/8	80/6	80/6
仰卧腿弯举	50/12	70/8	70/8	80/6	80/6

续表

训练动作	组次（运动强度 %1RM 和每组重复次数 Reps）				
	1 （%/Reps）	2 （%/Reps）	3 （%/Reps）	4 （%/Reps）	5 （%/Reps）
卧推	50/12	70/8	70/8	80/6	80/6
站立提踵	50/12	70/8	70/8	80/6	80/6
颈后推举/直立划船	50/12	70/8	70/8	80/6	80/6
重锤下压	50/12	70/8	70/8	80/6	80/6
杠铃弯举	50/12	70/8	70/8	80/6	80/6

表6–11　第一周：肌肉耐力的循环训练计划

训练动作	组次（运动强度 %1RM 和每组重复次数 Reps）	
	第一组 （%/Reps）	第二组 （%/Reps）
深蹲/仰卧小腿屈伸	（30~50）/20	（30~50）/20
双臂下拉	（30~50）/20	（30~50）/20
仰卧腿弯举	（30~50）/20	（30~50）/20
卧推	（30~50）20	（30~50）/20
站立提踵	（30~50）/20	（30~50）/20
颈后推举/直立划船	（30~50）/20	（30~50）/20
重锤下压	（30~50）/20	（30~50）/20
杠铃弯举	（30~50）/20	（30~50）/20

6.4 热身准备活动

进行力量素质训练不能跳过热身运动，充分的准备活动能提高肌肉的温度，从而提高肌肉的反应能力。做准备活动时，还可以活动关节和韧带，以提高弹性，减少训练损伤。因此，进行力量训练前必须进行全身热身运动，直到出汗为止。这样可以促进血液循环，保证有充足的血液流进肌肉组织，为其提供营养、输送氧气。这类热身运动是低强度运动，通常持续10~20分钟。常见的热身运动包括：骑脚踏车、踏步机运动、慢跑、跳绳、划船机训练、跳健美操、1~2组低强度重量训练。

6.5 放松整理活动

力量训练结束后，不能跳过放松整理活动。它可以促使人体从紧张的运动状态逐步过渡到安静状态；可以有效地缓解力量训练引起的肌肉酸痛；可以偿还氧债，加速消除运动时产生的乳酸；加速下肢血液的回流，保持心血管系统的正常机能，减缓头晕、恶心等不良症状。力量训练后的伸展活动可以有效保持关节和肌肉的灵敏性，降低训练损伤的风险。简言之，放松整理活动主要包括以下几个环节：低速骑车／走路、伸展运动、放松。

6.6 常见问题与损伤

身体是最好的指示牌，一旦身体发出“求救”信号，请终止或调整训练。以下是几种常见问题及其发生的原因。

① **训练损伤：**热身不足或没有掌握正确的训练技巧，都可能会导致肌肉损伤。

② **过度使用综合征：**病因通常是过度频繁地反复锻炼特定部位的肌肉，或者是使用错误的训练技巧。膝部、肩部、肘部容易发生这类问题。

③ **延迟性肌肉酸疼：**在锻炼后24~48小时内出现的肌肉酸痛，在运动医学上称为“延迟性肌肉酸痛症”。

为了使机体尽快恢复，需要及时改正错误的训练方式，调整训练计划。在损伤训练中，应该采用正确的技巧、适当变换强度，采取积极的恢复方式。

07

柔韧素质训练

尽管柔韧素质训练总是被忽视，但是，大多数教练员、运动生理学家和卫生保健专家都建议进行柔韧素质训练，因为它是体能训练计划的重要组成部分。尤其是当运动员的肌肉耐力和力量素质已经达到较高水平时，拉伸运动更是重要。如果想获得最佳的训练效果，必须坚持进行柔韧素质训练。

7.1 柔韧素质训练的意义

适当进行拉伸训练可以提高柔韧素质，并有着极为重要的意义。主要表现在以下几个方面。

① 改进动作技术、提高运动水平。

② 降低潜在的运动损伤风险（如肌肉疼痛和肌肉损伤）。

③ 减轻肌肉酸疼。

④ 预防或减少腰部疼痛。

⑤ 提高柔韧素质。

⑥ 促进关节周围血液循环。

想要成功地完成作战任务，提高相应的作战水平，必须进行科学的体能训练。柔韧素质训练是体能训练计划的有机组成部分，发展柔韧素质不仅可以提升动作幅度，还有利于力量、耐力等素质发挥，从而提高运动水平。海豹突击队队员经常进行高危训练，容易导致骨骼肌损伤。因此，可以通过平衡的体能训练——同时提高肌肉力量和柔韧素质，增强关节稳定性，积极预防训练损伤。力量训练和柔韧训练都关系到关节及周围组织的活动，二者紧密相连、密不可分。

肌肉的力量训练可以提高身体的柔韧性，同样，柔韧训练也可以增强肌肉力量。强度过大的力量训练容易导致肌肉轻微损伤，肌肉纤维则在恢复过程中缩短。而伸展运动会使肌肉更有活性，避免肌肉缩短，预防肌肉拉伤。伸展运动还对其他过度训练损伤（如肌腱炎、筋膜炎）有同样的预防功效。

只进行柔韧训练，而不同时进行相应的力量训练，则会削弱肌肉组织功能，增加关节扭伤、脱臼和肌肉扭伤等风险。拉伸运动能够稳定关节，活跃周围肌肉，从而降低训练损伤风险。

过度拉伸也会导致损伤。只有进行平衡、科学的柔韧力量训练，才能避免过度拉伸。

7.2 柔韧素质的概念

柔韧素质是指人体各关节的活动幅度，以及肌肉、肌腱和韧带等软组织的伸展能力。

柔韧素质是指为完成特定任务，某一关节的极限活动幅度，以及肌肉、肌腱和韧带组织的最佳伸展能力。柔韧素质包括两个方面：关节的活动幅度和肌肉、肌腱和韧带组织的伸展能力。制约因素主要有以下三个方面。

① 关节的骨结构。它决定了关节的活动范围。

② 关节周围软组织的大小。周围组织包括肌肉、肌腱、韧带（定义参见第一章）等。

③ 关节周围肌肉的力量素质。

<u>柔韧性一般分为动态（主动）和静态（被动）两种类型。</u>

动态柔韧性，又称主动柔韧素质，是指体育运动中依靠关节周围肌群的积极工作，完成大幅度动作的能力。这种素质包含两层含义：关节周围肌肉素质和克服阻力进行伸展运动的能力。例如，扔棒球、袭击对手、武术中的踢腿等动作，都属于动态柔韧素质。

静态柔韧性，又称被动柔韧素质，是指在外力（比赛对手、健身器、重力）作用下，关节被动承受这一动作时所表现的最大活动幅度，即利用外力保持伸展运动的能力。

静态柔韧性通常大于动态柔韧性。

7.3 牵张反射和腱反射

牵张反射（Strength Reflex）和腱反射（Lengthening Reaction）是关节保护机制作用的结果，是指关节周围肌肉受到拉伸时，关节周围的肌肉和肌腱组织内的感觉器官受到刺激而发生的反射运动。如图7-1所示，运动的紧绷肌肉中有两种感觉器官：肌梭细胞和腱器官（GTOs，又称高尔基腱器官）。

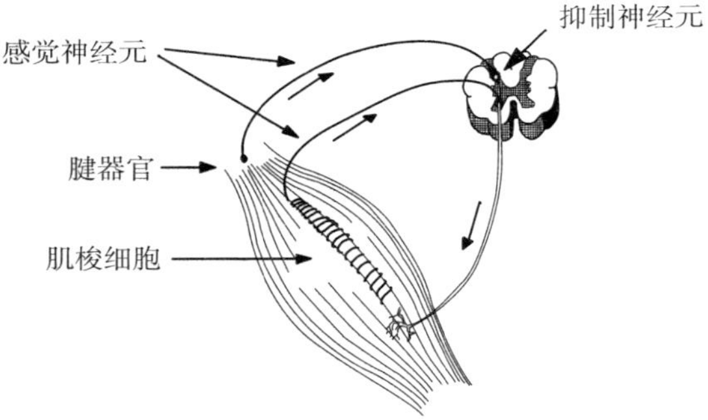

图7-1　肌梭细胞和腱器官反应示意图

肌梭位于肌肉内部，与肌肉纤维平行。牵张反射的基本过程如下：当肌肉被拉长时，引起肌梭兴奋，它向脊髓发出信号，骨髓又向肌肉发出收缩信号，引起肌肉收缩。肌梭是牵张反射的主要感觉器官。牵张反射的典型例子就是膝跳反射。医生敲打病人的膝盖下方时，四头肌迅速拉长，肌梭发出信号，导致四头肌又快速收缩，引起膝跳反射。敲打速度越快，肌梭反应越快，肌肉收缩也就越快。开始拉伸肌肉时，肌梭传递信号的频率较高，但是，随着对肌肉拉伸长度的适应，传递频率逐渐下降。

腱器官是腱反射的主要器官，它位于肌肉和肌腱的连接处；当肌肉收缩、肌肉受到拉伸或者两种情况同时出现时，腱器官会受到刺激，引发腱反射。肌肉紧绷程度加强时，腱器官会发出抑制神经元，引起肌肉放松，保护肌肉、肌腱免受损伤。了解牵张反射和腱反射过程，有利于训练者进行正确的拉伸训练。

放慢拉伸速度是最有效的拉伸方法，每个动作保持15–30秒。

放慢拉伸速度可以避免刺激肌梭引发肌肉收缩。做拉伸运动时，每个姿势坚持一定的时间，可以使肌梭适应较长的肌肉长度，有助于打开韧带；而且，还能充分刺激腱器官做出拉伸反射，起到保护肌肉和肌腱的作用。

7.4 柔韧素质训练方法

提高柔韧素质有多种训练方法，大概分成以下几类：

① 动力性拉伸法；

② 静力性拉伸法；

③ 弹震性拉伸法；

④ 本体感受神经肌肉（PNF）拉伸法。

7.4.1 动力性拉伸法

动力性拉伸法是指训练者依靠自己的力量，进行快速的、有节奏的、幅度逐渐加大的拉伸训练。训练者通过控制运动幅度和拉伸肌肉、肌腱、韧带等软组织，可以增加关节的灵活性和周围组织的伸展性，例如，正踢腿、侧踢腿、摆臂、下腰训练。通常用于比赛、运动前的热身准备活动。

学界对动力性拉伸法及其功效的看法并不统一，有正反两派。有些专家认为，持续时间较短、间歇的拉伸运动会引起牵张反射，导致肌肉收缩，不利于体能训练。而有些专家坚持认为，主动性拉伸法对于速度较快、爆发力较强的体育运动（例如武术、体操）有不可估量的好处。总之，动力性拉伸法不能用于提高静态柔韧性，也不能进行过度的柔韧伸展训练。运动或比赛前进行相似活动的动力性拉伸训练，可以提高运动水平。

7.4.2 静力性拉伸法

静力性拉伸方法是指依靠外力作用，增大关节灵活性的方法。这种方法用于提高静态柔韧性，通常采用较缓慢的、保持固定姿势的训练方式。通常还借助同伴的助力或外部（墙或地板）力量进行训练，例如，抬起一条腿，用手扶住，进行压腿训练。缓慢的静力拉伸训练有助于减轻肌肉痉挛、肌肉疲劳，经常用于训练后的放松整理活动。

7.4.3 弹震性拉伸法

弹震性拉伸是指身体或关节因为突然的过度伸展而收缩的自我保护的方法。弹震性拉伸经常用于弹跳训练等剧烈运动，不能把它和动力性拉伸混为一谈。弹震性拉伸的典型例子就是突然下蹲触碰脚尖，或者突然向上高踢腿，上下振臂也是典型的弹震性拉伸。这种拉伸方式不能提升柔韧性，相反，反复的牵张反射会导致肌肉拉伤，引发运动损伤。因此，并不推荐使用这种拉伸方法。

7.4.4 本体感受神经肌肉拉伸法（PNF）

本体感受神经肌肉拉伸法是通过刺激人体的本体感受器官来激活和募集最大数量的运动肌纤维参与活动，促进瘫痪肌肉收缩，同时通过调整感觉神经的兴奋性，以改变肌肉的张力，缓解肌肉痉挛的方法。PNF是一种高级拉伸技巧，是当代国内外流行的最佳肌肉锻炼法，在医疗保健行业得到广泛应用。进行柔韧性较高的体育运动（如武术、芭蕾、体操、搏击等）前，需要做PNF。PNF有很多训练技巧，但通常由三个步骤完成：被动拉伸—肌肉等长收缩训练—第三组拉伸训练（静力拉伸、动力拉伸都可）。通过同伴或物体的助力进行PNF：被动拉伸—肌肉等长收缩（指肌肉在收缩时其长度不变，而只有张力增加的收缩）训练，PNF借助于牵张反射和腱反射，能够最大限度提高关节的灵活性。

前面已经介绍过，当某一肌肉组织缓慢伸展并保持这一姿势不变时，肌肉会发生腱反射，阻止肌肉收缩；接下来的等长收缩训练，会使肌肉组织内部发生如下变化：PNF在训练实践中，从训练形式上与静力性拉伸法相似，但机理上有本质的不同。

PNF的生理学理论依据是利用反牵张反射（当肌肉收缩达到一定强度时，张力作用于腱器官使之兴奋，通过传入纤维反射性抑制同一肌肉，使肌肉收缩停止，出现舒张）而达到使肌肉放松的目的，肌肉做等长收缩，会对肌肉产生强烈的刺激，肌肉中的腱器官会将信号传入中枢神经，反射性地使肌肉放松，导致反牵张反射的产生。也就是说，被牵拉肌肉的主动收缩能抵消所产生的牵张反射，其收缩后放松加大，再者就是拮抗肌的收缩也可以加大主动肌的放松。

① 肌肉发生等长收缩时，有些肌肉纤维会收缩，而有些肌肉则会继续拉长。收缩结束时，发生收缩的肌肉回到初始长度，而那些继续拉长的纤维则长度不变（由于牵张反射的作用），而且还能被拉伸得更长。

② 肌肉发生等长收缩时，肌肉变得更紧绷，刺激腱器官，引发腱反射，抑制神经元会抑制肌肉，不再发生进一步收缩。当等长收缩结束时，抑制作用并未退去，肌肉能被拉伸得更长。

肌肉等长收缩后，第三步的肌肉拉伸正是利用肌肉可以被拉伸到更大长度这种能力，使肌肉、肌腱、韧带和其他感觉器官适应更长的拉伸距离。

最好与同伴一起进行PNF。

PNF有很多变化，有些非常复杂。最常见的是“收缩—放松”法。这种方法有三个步骤：被动拉伸、肌肉等长收缩和被动拉伸，增大肌肉的拉伸长度和关节灵活性。

下面以股二头肌为例，介绍一下具体训练过程，如图7–2所示。首先，静态拉伸目标肌肉，坚持15秒；然后，在同伴的帮助下或借助外力，让目标肌肉做等长收缩，坚持7~15秒；然后放松肌肉，再次做静态伸展，同样坚持15秒。

1. 静态伸展，坚持 15 秒；
2. 让目标肌肉做等长收缩，坚持这个姿势 7~15 秒；
3. 放松肌肉，再次做静态伸展，坚持 15 秒。

重复上述过程 1~5 次。

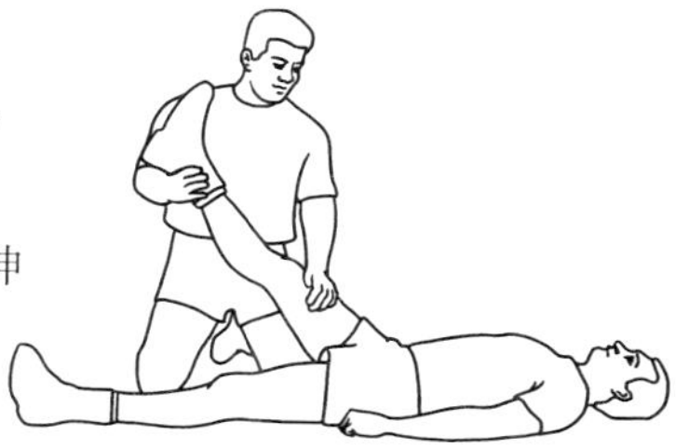

图7–2 PNF“收缩–放松”法

上述训练可以交替进行，完成1~5组，最后总是以静态拉伸结束。你会发现，每次重复后的静态拉伸都比前一次更深一些，肌肉伸展的效果更好。和举重训练一样，PNF拉伸法不宜过多使用，每周进行2~3次训练即可。

请注意，本章介绍的几种拉伸方法，既可以做主动拉伸训练，又可以做被动拉伸训练，还可以采用PNF拉伸法。训练者可根据自身需要，采用合理的拉伸方法。

7.5 热身准备活动与拉伸运动

拉伸运动并不等同于热身准备活动。

很多人把拉伸运动当成热身准备活动，然而，二者是完全不同的活动。热身准备活动是指在主要身体活动之前，以较轻的活动量先行活动肢体，为随后更为强烈的身体活动做准备。热身准备活动通常分为两类：**一般热身准备活动**和**专项热身准备活动**。热身准备活动是所有训练的重要组成部分，热身的重要性在于可以减少损伤的风险系数，帮助身体增加肌肉温度，增加心率次数和呼吸的深度与频率，增加血液流量，提高血液的输氧能力，并为肌肉提供更多营养，这些都有助于肌肉的肌腱与关节接受更多的艰苦训练。

在任何拉伸运动、体育运动、竞技比赛或军事体能训练前，都要进行热身准备活动。

温度较低的肌肉通常伸展不开，而且拉伸运动前不进行热身，容易引发运动损伤。拉伸运动不能代替热身准备活动，主动性拉伸训练通常是热身准备活动的最后环节，有时也可在热身准备活动结束之后进行。

充分热身之后，才能进行拉伸运动。

7.5.1 一般热身准备活动

一般热身准备活动是指与将要进行的体育活动无关的轻松的身体活动，主要包括原地跑、腾空跳和其他健身操等。高强度体育运动（如举重、极限体能训练、体操等）前通常进行一般热身准备活动，以降低关节、肌肉受损的风险。

7.5.2 专项热身准备活动

专项热身准备活动是为了满足运动专项所需要的体能需求而进行的热身活动，能反映出专项运动的特点。运动即将开始前，通常进行10~30分钟的低强度专项热身准备活动。例如，长跑前，放慢速度进行慢跑热身；骑自行车比赛前，放慢速度进行骑车热身；空手道比赛前，放慢速度进行相关动作训练。要根据运动强度，合理制定相应的热身强度。总之，运动强度越大，热身时间通常越长。

任何热身准备活动都应该充分彻底，才能够提高身体温度；出汗是一个很好的标志，证明你已经为接下来的运动做好了充分的准备，可以进行体育活动了。

不论是一般热身准备活动还是专项热身准备活动，都应该结合一定的拉伸运动进行，尤其是那些强度较高、容易受伤的运动。热身准备活动结束后，体育运动正式开始前，应拉伸肌肉。表7–1列出了几种专项热身准备活动。如果时间有限，热身后可不进行拉伸运动；但是运动结束后，必须进行拉伸运动，以放松肌肉。

表7–1　专项热身准备活动

障碍训练
10~20分钟的健身操或慢跑 主要肌肉的动力性拉伸运动
长跑
10~15分钟的慢跑
体操运动
10~20分钟的杰克跳、慢跑或者其他原地热身活动 体操的热身活动常用的动力性拉伸运动

运动后认真放松，能使人从运动到停止运动之间有一个缓冲的过程。舒展的慢动作和正确的气息运用，可以使紧张的肌肉逐渐放松，让过速的脉搏逐渐减慢，直至恢复正常，升高的血压逐渐降至正常，兴奋的情绪逐渐恢复平静，还有利于排出体内代谢垃圾，促进肌肉内的血液循环。

同时，放松整理活动能提高训练效果，促进身体肌肉和各器官恢复，因此，运动后必须进行相应的拉伸运动。拉伸运动是有效的放松方式，有助于减轻肌肉疲劳、肌肉痉挛和肌肉酸痛。

拉伸运动过后，可以站在冷水中或者在冷水中慢跑，这种方法有减轻、消除肌肉酸痛的功能，经常被应用于赛间的快速恢复。

较理想的放松整理运动应该穿插进行静力性拉伸运动，缓慢放松肌肉，每一个拉伸姿势保持15~30秒，然后再进一步拉伸，但不宜拉伸过度，肌肉紧绷感应以无疼痛感为宜。

表7–2介绍了建议的训练顺序。

表7–2　建议的训练顺序

热身准备活动

↓

拉伸运动（动力性拉伸）

↓

体能训练

↓

放松整理运动

↓

拉伸运动（静力性拉伸）

7.6 推荐使用的拉伸动作

7.6.1 动力性拉伸动作

体能训练过程中，热身准备活动之后应该有适当的动力性拉伸（Dynamic Stretching）训练，以拉伸主要肌肉群。动力性拉伸并不是剧烈的快速拉伸，而是将肌肉缓慢地牵拉到最大范围，刺激相关肌肉和关节，使其更快地进入运动状态；每个拉伸动作保持2秒左右就能达到准备效果，拉伸动作要与将要进行的健身运动相符合。表7–3介绍了几种常用的动力性拉伸动作。

表7–3 常用的动力性拉伸动作

名称	动作要领	图示	目标拉伸肌群
颈部旋转	**没有节拍限制。** 立定站好，放慢速度，将头部做顺时针和逆时针转圈训练	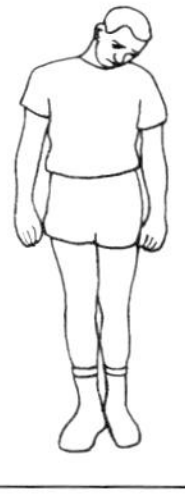	颈部肌群
翘脚尖拉伸	**预备姿势：**立正站好，双脚分开，脚尖抬起，重心落在脚跟上。分别放松、紧绷脚趾和脚部肌肉，双腿腓肠肌和胫骨前肌均能感到明显拉伸。 **变换训练：**也可以用该姿势走路		腓肠肌、胫骨前肌

续表

名称	动作要领	图示	目标拉伸肌群
胸肌拉伸	**一组 4 拍动作。** 立正站好，双脚自然分开，一只手臂举过头顶，另一只手臂自然下垂，稍稍离开身体。 **动作 1：**两只手臂同时向后伸，拉伸胸肌，然后放松。 **动作 2：**重复动作 1。 **动作 3：**交换双臂姿势，两只手臂同时向后伸，拉伸胸肌，然后放松。 **动作 4：**重复动作 3	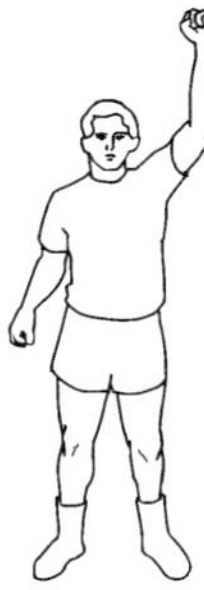	胸肌、前肩部肌群
上背部拉伸（向上、向后伸展手臂绕圈）	**一组 3 拍动作。** 立正站好。 **动作 1：**向前伸展双臂，向上伸展双臂。 **动作 2：**放下双臂，向后伸展双臂。 **动作 3：**分别向前、向上、向后伸展双臂，然后进行双臂绕圈训练	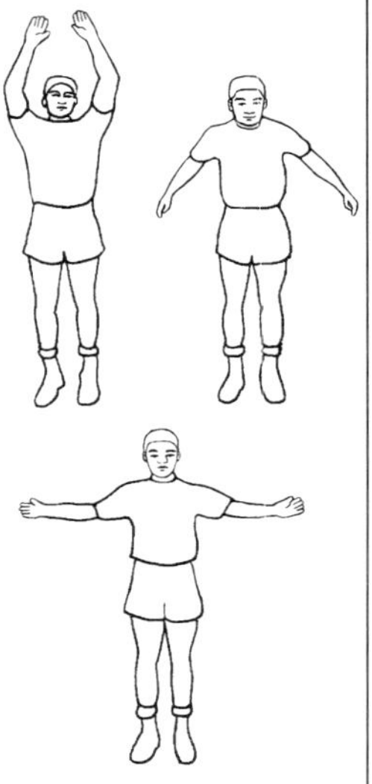	肩部、背部、胸部肌群

续表

名称	动作要领	图示	目标拉伸肌群
坐姿躯干旋转	盘腿坐好，上身挺直，双手抱头。 向一侧牵拉躯干，再向另一侧牵拉		腹肌、腹斜肌
躯干旋转	一组 4 拍动作。 **预备姿势：** 双脚分开站立，两脚距离与肩同宽，微微屈膝。 **动作 1：** 收紧腰腹，身体前屈。 **动作 2：** 上身向侧面拉伸。 **动作 3：** 上身向后面拉伸。 **动作 4：** 上身向另一侧拉伸。 注意向后拉伸时，膝盖保持微微弯曲，以免过度拉伸		腹肌、腹斜肌、髋关节屈肌群
躯干前伸后拉	**预备姿势：** 双脚分开站好，与肩同宽，微微屈膝。 向前牵拉躯干，再向后牵拉		髋关节屈肌群

续表

名称	动作要领	图示	目标拉伸肌群
扩胸拉伸	**一组3拍动作。** **预备姿势：**立正站好，双手握拳，拳心向下，两臂屈肘水平置于胸前。 **动作1：**双肘向后牵拉，扩展胸肌，放松还原。 **动作2：**同动作1。 **动作3：**伸开双臂向后牵拉，扩展胸肌	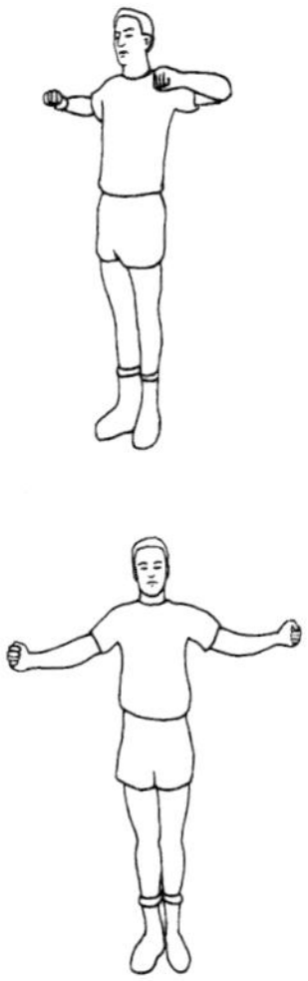	胸部、前肩部肌群
腿摇摆	**预备姿势：**立正站好，抬起左腿缓慢向前、向后、向左、向前摇摆，重复一定次数后，换脚训练。 **注意：**动作一定要慢，脚尖向上和向前会拉伸不同肌肉		臀部、小腿肌群

续表

名称	动作要领	图示	目标拉伸肌群
弓步压腿	**预备姿势：**立正站好，向前迈出一条腿，做好箭步蹲姿势，身体重心平均分配在双腿上。下蹲时，前脚膝盖不能超过脚尖。 下压前腿，还原。然后用前方的那条腿做侧压腿动作。换腿训练		腿部肌群

7.6.2 静力性拉伸动作

柔韧性训练的大部分成果都要归功于整理活动中持续的静力性拉伸训练。一天的训练结束后，进行静力性拉伸运动可以放松肌肉，积蓄体能，为次日训练做好充分准备。

表7–4总结了身体各个部位的静力性拉伸动作，训练者可以根据自身需要，从每个部位训练中选择1~3个动作进行训练（注意对肌肉进行平衡训练，如髋关节屈肌和髋关节伸展肌肉的平衡、股二头肌和股四头肌的平衡）。

跑步、游泳过后，要多选择几个动作充分伸展相应肌肉群。每个动作重复2~5次，每个姿势保持15~30秒钟，然后放松10~15秒钟。注意：这些训练方法都没有节拍限制。

表7-4　常用的静力性拉伸动作

名称	动作要领	图示	目标拉伸肌群
颈部拉伸训练			
项伸群肌/项侧群肌拉伸	站立，左手握住右手手腕置于体后。向左侧拉伸头部，左耳靠近左肩，同时左手缓慢下拉右肩，增加更多张力（注意左肩不要上耸）。颈、肩部右侧明显感到拉伸，然后还原。 换方向进行相同的训练。还原后向前拉伸头部，用任意一只手扶住头部，还原，做向后拉伸动作	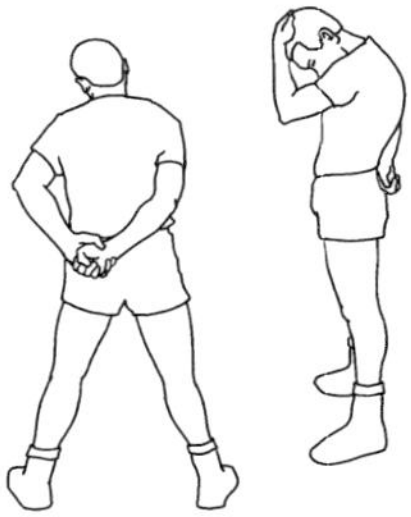	颈部肌群
肩部、胸部、臂部拉伸训练			
胸肌拉伸	站立，双臂伸直，拇指保持向上姿势，向后伸展手臂。 可以找同伴帮忙握住手臂，也可以使用单杠进行训练		前肩部、胸部肌群
泳姿拉伸	坐位，双手紧扣置于下背后侧，拇指朝下。上身向前拉伸，同时向头部牵拉手臂		前肩部、胸部肌群

续表

名称	动作要领	图示	目标拉伸肌群
上背部拉伸	站位、坐位均可，双臂伸直交叉，掌心朝外，向前拉伸手臂直到肩部和背部呈弧形	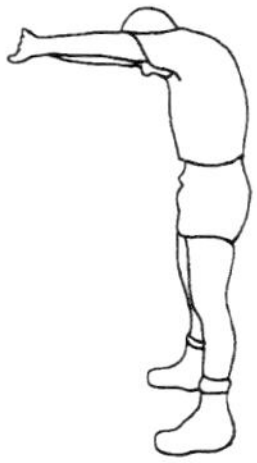	后肩部、上背部肌群、三角肌
后肩部拉伸	左臂向前方伸直，右臂勾住左臂，伸展左臂，右臂同时发力向胸部勾拉左臂，直至左臂肌群有拉伸感。换方向训练		后肩部肌群
小臂/手腕拉伸	双膝跪地，与肩同宽，手掌撑地，四指指向膝盖，拇指朝外，背部挺直，小臂向前拉伸		小臂、手腕肌群
肩部外侧肌群拉伸	站立，向上伸直左臂，然后向后弯曲，肘关节朝上。左手放松扶于肩胛骨，右手弯曲扶于左肘，向右拉伸，还原，换方向训练。 注意：向右拉伸时，左手扶肩；向左拉伸时，则右手扶肩		肩外侧肌群

续表

名称	动作要领	图示	目标拉伸肌群
躯干拉伸训练：拉伸腹部、背部肌群			
仰卧背部拉伸	仰卧，双膝并拢向胸部抬起，双臂抱膝，轻轻向胸部提拉双腿，拉伸背部肌群。 低背部拉伸动作可以缓解肌肉酸痛，降低肌肉拉伤风险。刚开始做这个动作时，可能会感到背部肌群紧绷或有痛感，但是保持一会儿便会感到肌肉放松，紧绷感消退。这个动作要保持 1 分钟	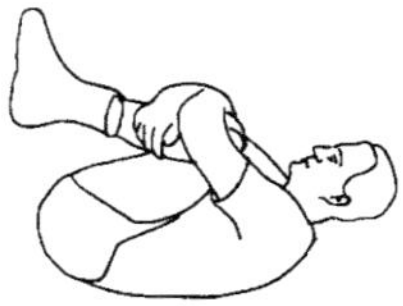	背部肌群
双手过头顶体侧屈	该动作既可站姿训练，也可侧卧训练。 双脚分开站好，双手举过头顶，左手抓住右手手腕，身体向左缓慢侧屈，拉伸躯干右侧肌群；还原，做反方向训练。 也可进行侧卧训练，缓慢抬起上体，保持一会儿		腹部肌群
俯卧拉伸／壁虎式的拉伸	俯卧在地板上，双手放在肩关节的下方，慢慢伸直手臂，使上身抬离地面，而下半身保持不动，此时腹部肌群得到充分拉伸	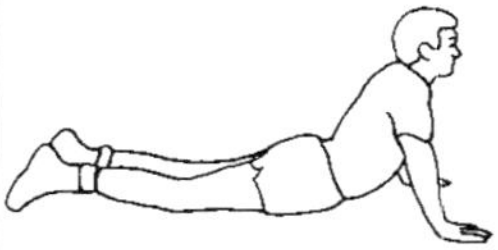	腹部肌群

续表

名称	动作要领	图示	目标拉伸肌群
髋关节肌群拉伸训练			
腹股沟伸展	立正站好，向右迈开右腿，左脚尖微微外倾，身体重心右移，同时屈右腿，换腿训练。 注意：屈腿时，膝关节要和脚尖保持在一个平面上，以免拉伤韧带		髋/大腿、小腿内收肌群
弓步式拉伸髂骨肌	这个动作本质上是骨盆倾斜的箭步蹲。 站立，左腿向前迈出一步，双膝微微弯曲，身体重心放在左腿上。腰背挺直，收紧臀部下压，右腿前方的髂骨肌感到明显拉伸，换腿训练。稍微倾斜上身或者继续屈膝可加大拉伸力度		髂骨肌
箭步式拉伸髂骨肌	右膝跪地，脚尖指向正后方，左腿向前迈步至膝关节和踝关节在一条直线上。双腿保持不动，臀部下压，直至右大腿前群肌肉感到拉伸，保持一会儿。换腿训练。 注意：前腿稍稍向外拉伸，还可以伸展腿内收肌	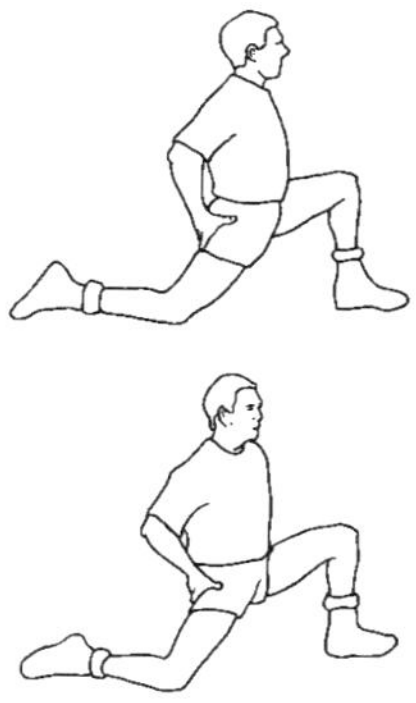	髂骨肌

续表

名称	动作要领	图示	目标拉伸肌群
仰卧侧拉髋关节肌群	仰卧，双腿平伸，右腿向胸屈膝 90°，左手将右腿向地板牵拉，下背部肌群和髋关节侧面肌群感到明显拉伸。 换腿训练		髂胫束、髋外展肌群
蝴蝶式拉伸	坐位，双腿弯曲，脚底并拢。右手抓住左脚脚踝，用肘将腿推到地板上，同时向双脚屈体，保持背部挺直。 注意：上身向双脚倾斜，使髋外展，背部挺直		髋 / 股内收肌群
	腿部肌群拉伸训练		
躺位 / 站位拉伸股四头肌	站位，左腿向后弯曲，脚底指向天空；左手抓住左脚踝，将脚跟拉向臀部，膝盖指向地面。 换腿训练。 该动作也可进行俯卧训练，如图示所示		腿伸肌群、髋 / 股屈肌群
胫骨肌/股四头肌拉伸	双膝跪地，脚趾指向正后方，手掌撑地，臀部缓缓下压，坐到脚跟上，胫骨肌和股四头肌会感到明显拉伸。如果不能坐到脚跟上，可把双手放在小腿外侧，支撑身体；如果想进一步拉伸，可将双手放于体后，微微倾斜背部，双手支撑身体		胫骨肌群、踝关节肌群、股四头肌

续表

名称	动作要领	图示	目标拉伸肌群
坐姿拉伸股四头肌	坐位，向后弯曲左腿，左脚跟紧贴于臀外侧，注意脚的动作是直接向后，不可向内或向外倾斜；另一条腿可以伸直，也可以弯曲。上身慢慢往后压，直至右腿肌群有拉伸感。换腿训练。 注意：拉伸时要收紧臀部，不能坐在腿上。另一条腿若弯曲，则可加大拉伸力度	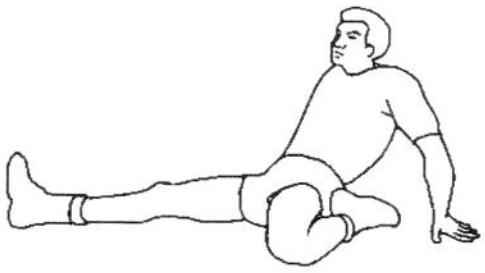	股四头肌
坐姿（三式）拉伸股二头肌	坐位，右腿伸直，屈左腿放于体前，膝盖朝向左侧。 **动作 1**：收紧腰背，向前屈体，保持背部挺直，拉伸大腿内侧肌群，保持几秒钟，然后起身还原。 **动作 2**：向右转体，收紧腰背，保持背部挺直，前胸贴近右膝，右腿后群肌肉感到明显拉伸，保持一会儿，还原。 **动作 3**：向上伸直左臂，举过头顶，收紧腰背，背部挺直，右肩向右膝下压；右手触摸右脚，股二头肌和腹斜肌感到拉伸。换方向训练		腿屈肌群、腿内收肌群、体侧肌群

续表

名称	动作要领	图示	目标拉伸肌群
坐姿体前屈	坐位，双腿并拢向前伸直，双手放在膝盖两侧伏地，收紧腰背肌肉，向膝盖屈体，腿后群肌肉感到明显拉伸。 注意：膝盖稍弯曲，背部挺直	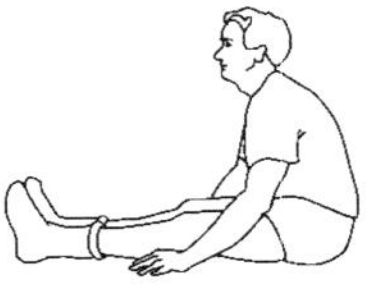	腿屈肌群
仰卧/坐姿拉伸股二头肌	仰卧，伸直双腿，向胸部提拉左腿；右手握住左脚踝，左手扶于左膝关节外侧，向胸部提拉，直至左腿后群肌肉感到拉伸。换腿训练。也可采用坐位训练这个动作，后背挺直，其他动作要领一样	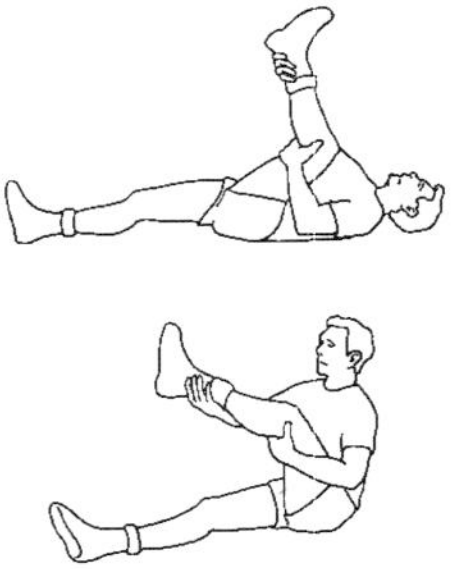	腿屈肌群
拉伸比目鱼肌	左脚平放在台阶上，右脚脚掌放于台阶边缘，右脚脚跟下压，拉伸小腿肌群，屈右膝，拉伸比目鱼肌。换腿训练	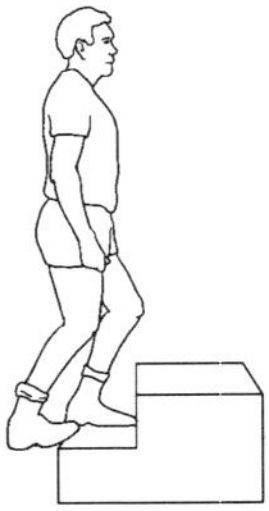	比目鱼肌
拉伸腓肠肌	左脚平放在台阶上，右脚脚掌放于台阶边缘，右脚脚跟下压，拉伸小腿肌群，伸直右腿，拉伸腓肠肌。换腿训练		腓肠肌

续表

名称	动作要领	图示	目标拉伸肌群
拉伸跟腱	左膝跪地，左脚趾朝向正后方，双手伏地，臀部下压，必要时用双手支撑身体。右脚向前迈步，直至脚趾与左膝平齐。右脚抬离地面 3 厘米左右，向膝盖屈体，胸部紧贴右腿，下压右脚，此时左腿肌肉感到拉伸。换脚训练。 **目标：**右脚脚跟不能完全着地，利用胸部、肩部对大腿的压力轻微拉伸跟腱	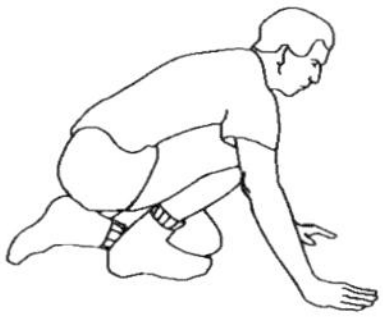	跟腱
拉伸髋关节伸展肌	仰卧，双膝弯曲，双脚撑地，右脚踝放在左膝上，向胸部提拉左腿，右腿髋关节伸肌感到明显拉伸。换腿训练。 注意：也可以坐姿进行此动作的训练，双手抱膝提拉髋伸肌	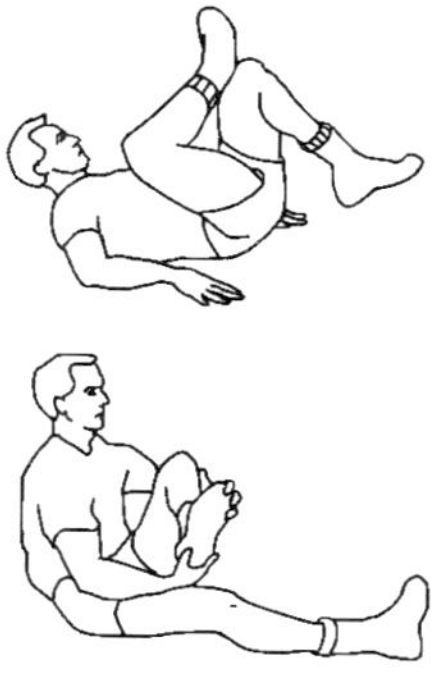	髋伸肌群
拉伸髂胫束（ITB 伸展）	坐位，右腿伸直，左腿交叉放在右腿膝盖处，上身向左腿前屈，拉伸髂胫束。右肘放于左膝外侧用于固定。换腿训练		躯干肌群、髂胫束

7.7 训练后全身主要肌群的拉伸方案

表7–5介绍了训练后全身主要肌肉的拉伸动作，根据拉伸体位（如站位、坐位等）对具体拉伸方法进行分类。如果每个拉伸动作保持15秒，那么完成身体单侧（如左侧）训练需要10分钟，最好每侧训练2遍。

表7–5　训练后全身主要肌肉的拉伸动作

1. 站位	拉伸项侧肌群/项伸肌群 拉伸上背部 拉伸后肩部 双手过顶体侧屈 拉伸肱三头肌（侧屈） 弓步拉伸髋关节肌群 拉伸腓肠肌 拉伸比目鱼肌
2. 坐位	泳姿拉伸 拉伸髂胫束 蝴蝶式拉伸 坐姿（三式）拉伸股二头肌 坐姿体前屈

续表

3. 仰卧位	仰卧背部拉伸 仰卧髋关节肌群拉伸 仰卧侧拉髋关节肌群
4. 俯卧位	俯卧拉伸股四头肌 俯卧拉伸躯干
5. 跪地位	胫骨肌—股四头肌拉伸 拉伸跟腱 拉伸前臂—腕部肌群 箭步拉伸髂骨肌

08

健身操体能训练

健身操是海豹突击队的一个传统体能训练项目，原因在于它没有特殊器械要求，可以随时随地进行训练。健身操可以提高人体的柔韧素质、力量素质、耐力素质、爆发力素质（具体定义详见第一章，在此不再赘述）。本章主要讨论健身操的功能，以及面向特种部队的具体训练方案。

8.1 如何发展肌肉力量和肌肉耐力

肌肉力量和肌肉耐力密切相关，可以相互促进，共同提高。肌肉力量是指重复一个动作时的最大收缩力，对抗阻力或负荷的能力；而肌肉耐力是指一段时间肌肉连续收缩产生力量的能力，即抗疲劳的能力。提高肌肉力量将会提高肌肉耐力。如果最大重复值（RM）提高，那么在更大的阻力下，进行极限力量运动的重复次数就会增加。

低重复次数（6~12次）训练用于提高力量素质，而高重复次数（大于12次）训练用于提高耐力素质，进行这种训练时，应该增加阻力负荷，减少重复次数。

一组训练是指单位重量（Unit Weight）下的重复训练次数。

可以通过增加每组的重复次数来提高耐力。例如，一名训练者最初一组只能做10~12个姿势正确的仰卧起坐，经过训练后，他每组能做15个，这时他提高的是耐力素质。表8-1汇总了耐力素质训练分类，同时列出了锻炼各级耐力的具体方案。请注意，力量训练和短期训练不会提高有氧代谢能力，因为增加负荷不会刺激有氧代谢/耐力系统。相反，负荷较小的长期训练可以提升有氧代谢能力，但是，提高力量素质的效果也最差。通常而言，持续时间较长的运动需要更多的耐力。应该根据具体作战需要和力量素质、耐力素质训练准则，制订相应的训练方案。

表8-1 耐力素质训练分类

项目	力量	短期训练	中期训练	长期训练
目标	最大力量	强负荷耐力训练	中负荷耐力训练	低负荷耐力训练
	3组	3组	2组	1组
	3次/周	3次/周	3次/周	3次/周
建议运动量	6~10RM	6~12RM	12~50RM	超过100RM
力量素质提升	肌肉收缩蛋白质增加；结缔组织有所增长	力量素质些许提高；无氧代谢能力稍微提高	无氧代谢能力些许提高；力量素质微微提高	有氧代谢能力；热量燃脂
不会改变	有氧代谢能力	有氧代谢能力	—	力量素质

参考《体能生理学》第三版。

健身操通常用于提高身体的柔韧性，但也可用于提高力量素质。首先要看训练者的自身体能条件及其最大重复值的高低。如果他的最大重复值较低（小于10~12），则可通过健身操提高力量。如果他的最大重复值较高（大于10~12），则可通过健身操提高耐力。例如，开始你只能做9个引体向上，此时你锻炼的是力量素质；随着进一步训练，你可以做12个引体向上，此后进行的就是耐力训练。

当然，还可以通过改良健身操进行力量训练，其具体方法如下：

① 增加负荷（做引体向上，或者背部负重进行引体向上训练）；

② 请同伴帮忙，进行阻力训练（如同伴辅助进行机械伸腿训练）；

③ 进行身体单侧训练（如单腿半蹲、单腿提踵）；

④ 变换训练（如屈腿引体向上）；

⑤ 超级组数训练/金字塔训练。

健身器械缺乏时，上述方法都是颇为有效的力量训练方式。

8.2 健身操体能训练

肌肉力量和肌肉耐力是特种兵作战能力的基本要素。一些军事任务需要队员有较好的肌肉力量，而持续时间较长的作战任务还需要队员有较好的耐力（如背负重型武器巡逻、背负器械攀爬、游泳、背负伤员等情况）。

海豹突击队体能训练计划的目标是提高肌肉综合素质（如力量、耐力、爆发力）。较好的肌肉力量是耐力和爆发力的基础，不仅可以提高作战能力，而且还能降低受伤风险。因此，海豹突击队队员每周要至少进行2次力量训练（低重复次数10~12，每周高负荷锻炼每个肌肉群）。传统的健身操体能训练方法是每周进行2~3次训练，以保证肌肉耐力。如有紧急任务，他们还会采用增强式健身操训练方法提升爆发力。

特种作战军事体能训练计划，常因训练器材缺乏、营养不足而使队员体能下降，无法达到作战要求。在这种情况下，健身操训练就是一种绝佳的训练方法，因为它所需的训练器械少，随时随地都可以训练。而且，还可以根据需要改良健身操，进行力量素质训练。

海豹突击队的体能训练计划应该有较强的灵活性，以满足各种训练需要，且能提升相应的身体素质。

战斗结束后，海豹突击队队员可能需要1~4周时间才能适应日常体能训练，使体力恢复到战前水平。充分恢复体力有助于提高作战能力，应避免过度训练，降低受伤风险。重返基地的（术后或战后）士兵应逐渐适应日常体能训练，**并不是训练越多越好**，过度训练反而会导致不必要的损伤。过多的重复次数会引发训练损伤，或者加重伤情。

体能训练应以提高有氧代谢能力，肌肉力量、耐力、爆发力、柔韧性为目标，而不是以超越他人为目标。

竞技性体能训练有时会采用爆发式训练或者金字塔式训练，但这对训练者有巨大的挑战性，一旦控制不好，就会导致损伤。海豹突击队队员采用这种方法时，应该扬长避短，极力避免损伤。

健身操训练通常包括一个“保持姿势不变”的动作，持续1~2秒。做引体向上、双杠臂屈伸、俯卧撑等训练时，通常采用该动作技巧增大难度、减少枯燥感。例如，做引体向上时，下巴提升至单杠时保持1~2秒钟，然后再下降。但是，本书并不推荐这个动作。

训练中途，持续保持对关节、肌腱、韧带等部位的收缩压力容易导致训练损伤，还会加重已有伤情。

建议放慢训练节奏（如10秒钟上提身体，10秒钟下降身体），去提升力量、加大难度、减少枯燥感。

8.3 肌肉平衡训练法

很多专门锻炼腹肌的健身操，实际上都有锻炼髋关节屈肌群（控制臀部和腿向胸部运动的肌群）的功效，这有时会导致髋关节屈肌群的过度训练、腹部肌群锻炼不足。虽然髋关节屈肌群和腹肌力量对于提高作战能力都发挥着重要作用，但是，髋关节屈肌群的过度训练不仅会导致背部损伤等问题，而且会致使脊柱变形、腰椎间盘突出。**很多专家认为，髋关节屈肌群的过度训练是导致海豹突击队队员下背部疼痛的罪魁祸首。**髋关节屈肌群力量训练固然很重要，但必须与腹肌进行平衡训练，同时，还要保持髋关节屈肌群和髋关节伸肌群（控制腿部做背离胸部运动的肌群）的平衡。

要对腹肌和髋关节屈肌群，髋关节屈肌群和髋关节伸展肌群进行平衡锻炼。

因此，首先要明确各个肌肉群的训练项目，这些训练都应包含在体能训练计划当中。健身操训练计划还应包含柔韧性训练和拉伸运动，避免肌肉结块。

一些仰卧提腿训练（平躺抬腿：仰卧交替摆腿）能够有效锻炼髋关节屈肌群。进行这些训练时，上身肌群和上腹肌群会用力稳定骨盆，所以，最好先进行此类训练。如若不然，先锻炼腹肌，会导致上身肌群和上腹肌群感觉疲惫，不利于稳定骨盆。以下是锻炼腹肌的几点建议。

① 明确哪些动作可以真正地锻炼腹肌，哪些动作可以锻炼髋关

节屈肌群。

② 减少髋关节屈肌群的锻炼次数，每周2次为宜，每次训练量不宜过大。

③ 增加能有效锻炼腹肌的动作训练，每日都应进行腹肌训练，如果感到腹肌酸痛，应酌情减量。

④ 增加髋关节伸肌群训练（如超人式伸展、驴式踢腿）。

⑤ 海豹突击队军事体能训练应加入柔韧性训练，包括髋关节伸肌群、腹肌、股二头肌的伸展训练。

⑥ 应掌握下文介绍的训练技巧。

使用健身操进行全身体能训练时，正确掌握技巧至关重要。

训练过程中，如果目标锻炼肌群力量不足，不能充分发力，那么其他肌肉就会取而代之，结果导致锻炼了不该锻炼的肌肉，容易引起损伤。例如，有些健身操难度过大，由于髋关节屈肌群比腹肌强壮一些，当下腹肌不能充分发力时，让位于髋关节屈肌群发力，结果导致胃下垂和下背部疼痛。因此，锻炼肌肉时，关键是要掌握正确的技巧。

锻炼髋关节屈肌群时，下面的建议能够有效减轻下背部压力。

① 保持一只脚放在地面上，尽量减少下背部和脊柱受力。很多训练项目要求双脚离开地面，改良之后的动作使一只脚分担背部受力，帮助支持身体（图8-1和图8-2）。

② 将一只手放在脊柱底部，确保脊柱自然伸展，没有弯曲。

③ 抬头、轻度摇晃双肩，保持脊柱挺直。

④ 锻炼腹肌前，先锻炼髋关节屈肌群。

（一脚着地，减轻下背部受力）

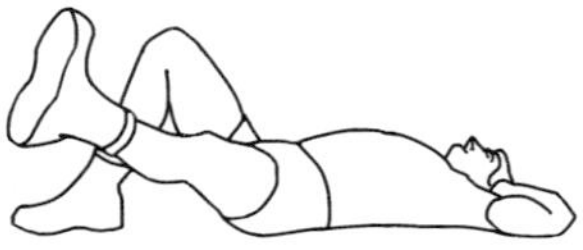

图8-1 改良式交叉摆腿

（一脚着地，减轻下背部受力）

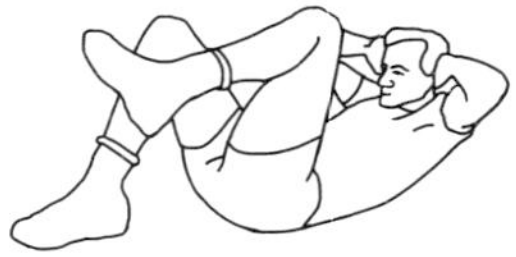

图8-2 改良式屈膝卷腹动作

还有一种方法可以减轻下背部受力：在脊柱尾部加垫一块5厘米厚的毛巾或腹肌垫。根据解剖运动学，腹肌的运动范围是拉伸状态的30°至弯曲状态的75°~90°，如图8-3所示。所以，在平面上进行腹肌训练的幅度，只是腹肌生理运动幅度的一半。换句话说，在地面、甲板或健身垫上训练腹肌，理想情况下也只能达到一半的锻炼效果。锻炼腹肌的绝佳手段是进行全生理幅度训练，可以在脊柱低端加放腰垫（毛巾）进行训练，见图8-4。

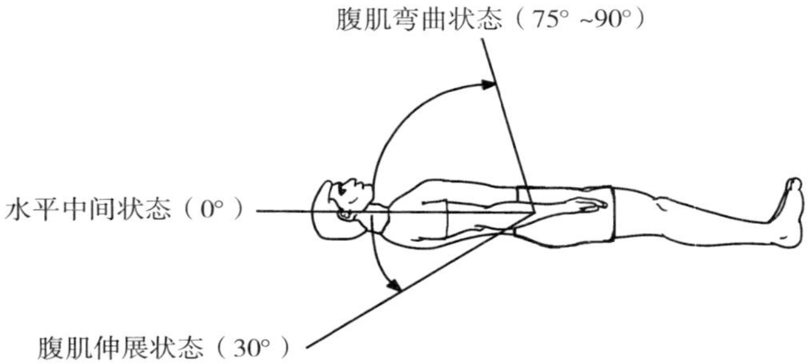

图8-3 人体上身的弯曲幅度

由于柔韧性有限，初始训练应该以伸展状态时的15°开始，再逐渐增加难度，拉伸到30° 进行训练。毛巾是最实用的腰垫，因为可以根据需要随时调整训练角度。

近年来，发展了很多改良式的仰卧起坐训练方法。因为仰卧起坐是海豹突击队队员基本的训练动作，这里有必要阐述一下正确的技巧。

做仰卧起坐时，最佳姿势是仰卧在平地上，大腿与地面成45°，双脚平放在地面上，与肩同宽，双腿可稍微向外倾斜；如果双手抱头，注意起身时勿用力挤压颈部，手指轻轻扶住头部即可。训练时，注意手臂的姿势，肘部始终保持位于颈后；关键动作是运用腹肌提拉身体，而不是头部提拉；注意保持眼睛向上方看，这样有助于减轻颈部压力，有利于发挥腹肌作用；直到腹肌全部拉伸时才可起身；尽力下压上身有利于充分锻炼腹内斜肌群和髋关节屈肌群，见图8–5。

（在脊柱低端加放毛巾，有利于进行全方位腹肌锻炼）

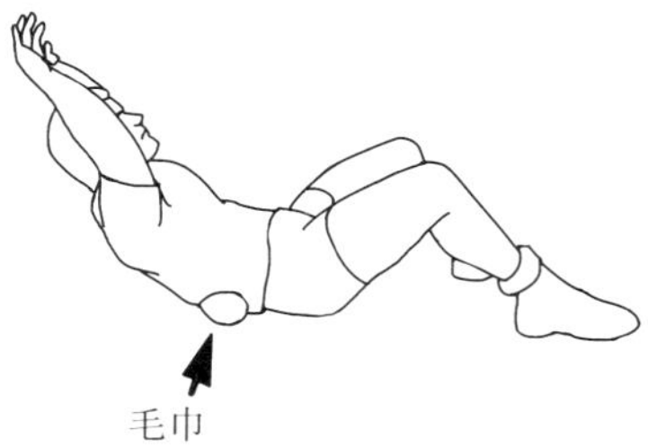

图8–4 腹肌锻炼的改良方法

（双腿微微外倾，肘关节始终位于颈后）

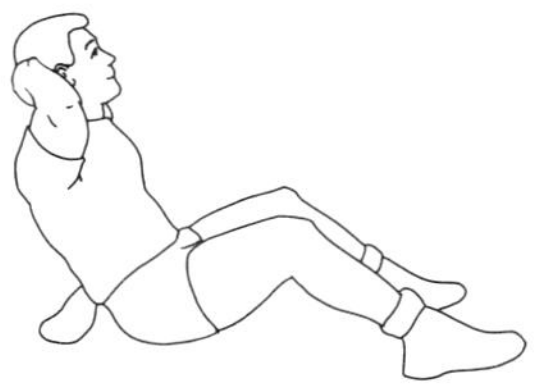

图8–5 仰卧起坐的正确姿势

第一次按上述要求做仰卧起坐时，次数一定不会很多，因为正确姿势的仰卧起坐需要更多的力量。你之前的姿势可能大都不正确，做完一个实际相当于完成了半个仰卧起坐。

做仰卧起坐时，要重质量而不是重数量。

肌肉力量和肌肉耐力训练原则同样适用于腹肌锻炼。仰卧起坐既可以锻炼肌肉耐力，也可以锻炼肌肉力量，还可以通过变换重复次数改变训练目标。可以通过加垫毛巾（腹肌垫）调整角度，开始训练时，应以腹肌伸展15°为宜（见图8–3）。如果想要锻炼肌肉力量，你可能想在腹肌伸展30°的情况下锻炼，如果一次能做15个以上，那么就可以通过变换手臂、负重或者做斜坡仰卧起坐，加大仰卧起坐的难度。图8–6介绍了仰卧起坐的常见姿势。做仰卧起坐时，手臂采用如下姿势：

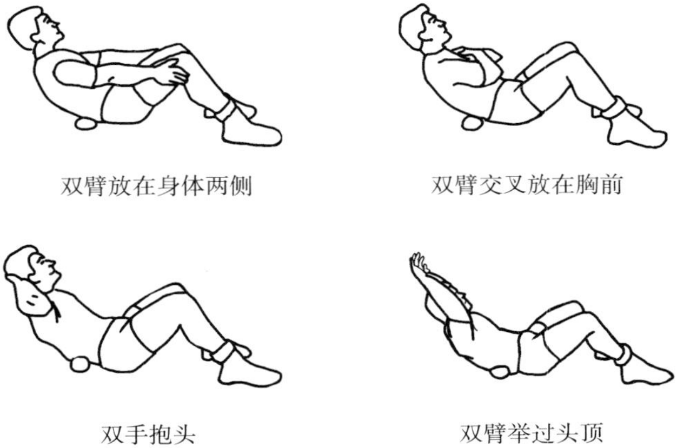

图8–6　仰卧起坐的常见姿势

① 双臂放在身体两侧，手扶于膝；

② 双臂交叉放在胸前；

③ 双手抱头；

④ 双手交叉，举过头顶；为了增加阻力，也可以负重训练。

为了提高肌肉力量，每组重复次数应该在15次以上，通过增加阻力提高肌肉力量素质。肌肉力量提高后，就可以进行肌肉耐力训练。通过仰卧起坐训练肌肉耐力时，如果是负重训练，每组重复次数应控制在15~50次。这些原则适用于所有姿势的仰卧起坐（双腿冲天仰卧起坐、转体仰卧起坐等）。

8.4 健美操体能训练指南

建议每周进行2次柔韧体操训练，注意应分开进行，不能连续两天进行体操训练。柔韧体操既可用于耐力训练，也可用于力量训练。柔韧体操训练应和其他肌肉增强式训练、力量训练、有氧运动交替进行。身体某一部位的体能专项训练结束后，应进行静力性拉伸运动；训练结束后，为保持肌肉的温度，不建议迅速减少运动强度，更不能立即停止运动；应该逐渐减轻运动强度，进行适当放松运动。

30分钟的体能训练结束后，应从图表8–2中选择1~3个柔韧体操动作，以放松肌肉。1小时的体能训练后，应该选择3~6个动作放松肌肉。要注意保持身体前后部肌肉的平衡，如腹肌和髋关节屈肌群的平衡，股四头肌和股二头肌的平衡，髋关节屈肌群和髋关节伸肌群的平衡。中间的放松休息时间，应视体能训练的强度而定。

8.4.1 柔韧体操技术动作

表8–2　柔韧体操动作训练

动作名称	动作要领	图示	目标锻炼肌肉（群）
全身运动			
杰克跳	**2 拍动作。** 立正站好。 **动作 1：**双腿向两边跳开，同时手臂上伸，举过头顶拍手。 **动作 2：**还原动作		有氧运动：很好的热身方式
8 拍健身操	**8 拍动作。** 立正站好。 **动作 1：**屈腿下蹲，双臂伸直，双手平放在地面。 **动作 2：**双腿向后伸直，脚尖点地，手臂伸直支撑身体，做好俯卧撑的准备动作。 **动作 3：**双肘向身体外侧弯曲，身体降低至基本靠近地板（1 个俯卧撑）。 **动作 4：**伸直双臂。 **动作 5：**双臂保持不动，分开双腿。 **动作 6：**收回双腿，还原动作 4。 **动作 7：**屈膝，还原动作 1。 **动作 8：**还原初始动作		胸部和腿部肌群

续表

动作名称	动作要领	图示	目标锻炼肌肉(群)
颈部训练			
颈部旋转	4 拍动作。 仰面平躺在地面上。 **动作 1**：抬头转向一侧。 **动作 2**：将头部转回。 **动作 3**：转向另一侧。 **动作 4**：还原。 也可以面朝下、俯卧于地做这套操	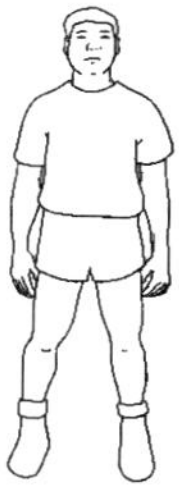	颈部屈肌群和伸肌群
胸、肩和背部训练			
三头肌俯卧撑	2 拍动作。 双臂伸直支撑身体，双手触地，拇指与四指分开，双手拇指、食指几近接触（虎口相对）；双腿伸直，脚尖点地。 **动作 1**：双臂弯曲，肘关节接近直角，用双臂支持身体。 **动作 2**：还原		三头肌、俯卧撑锻炼的常规肌群
指尖俯卧撑	2 拍动作。 和常规俯卧撑做法一样，只不过是用手指支撑身体		前臂部肌群、俯卧撑锻炼的常规肌群有利于锻炼前臂力和握力

续表

动作名称	动作要领	图示	目标锻炼肌肉(群)
宽距、常规、窄距俯卧撑	2 拍动作。 双手支撑身体于地面，两腿向身体后方伸展，眼睛直视，双臂垂直前方。 **动作 1**：双臂弯曲，肘关节接近直角，身体降低到基本靠近地板。 **动作 2**：还原，伸直双臂以支撑身体。 **宽距俯卧撑**：双手距离超过肩宽，然后移动手臂，缩短距离，此时较小的肌肉（三头肌）受力，受到锻炼。 先做宽距俯卧撑有利于避免三头肌在胸大肌之前疲劳		胸部肌群、前肩部肌群、腹肌、三头肌
潜水爆破式俯卧撑	2 拍动作。 先做一个放松姿势，臀部上抬，双臂伸展撑地，手掌触地；双腿伸直，两脚间距离 1 米左右。 **动作 1**：双臂弯曲，上身潜水式下压直至接近地面，休息姿势和常规俯卧撑一样。	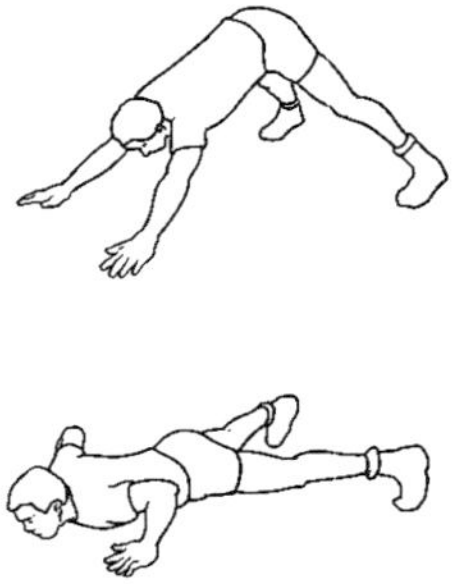	胸部肌群、前臂部肌群、三头肌、前三角肌

续表

<table>
<tr><th>动作名称</th><th>动作要领</th><th>图示</th><th>目标锻炼肌肉(群)</th></tr>
<tr><td>(同上)</td><td>动作 2：手臂伸直，上身向后上方抬起，还原初始动作</td><td></td><td>(同上)</td></tr>
<tr><td colspan="4">臂部训练
训练小贴士：在单杠上绑运动带或者使用较宽的单杠训练，有利于提高握力。训练时，运动员应注意锻炼手掌握力。这对海豹突击队队员有重要的启发意义，他们在执行任务时，主要使用手掌握力（如翻越障碍物）。在单杠上绑运动带是提高手掌握力（增加单杠的厚度）的有效方法</td></tr>
<tr><td>双杠臂屈伸</td><td colspan="2">2 拍动作。
使用双杠进行双臂屈伸训练</td><td>三头肌，背、肩、胸部肌群</td></tr>
<tr><td>引体向上</td><td>2 拍动作。
预备姿势：两手握紧单杠，身体悬垂，手心向内握紧单杠，两手宽握距。
动作 1：集中背阔肌的收缩力，屈臂引体上升，下巴接近或触及单杠。
动作 2：还原。
注意：腿部保持挺直，不能弯曲蹬腿</td><td></td><td>背阔肌、二头肌</td></tr>
</table>

续表

动作名称	动作要领	图示	目标锻炼肌肉(群)
引体向上(宽距、窄距、颈后、正反手)	**2拍动作。** **预备姿势：**手心向外，两臂握紧单杠，身体悬垂，两手宽握距。 **动作1:** 集中背阔肌的收缩力，屈臂引体上升，下巴接近或触及单杠。 **动作2:** 还原。 注意：腿部保持挺直，不能弯曲蹬腿		背部各肌群、前臂肌群锻炼握力的绝佳方法
屈身引体向上	**2拍动作。** 需要使用低杠，根据杠体高度确定初始姿势是坐还是躺，双手握紧低杠。 **动作1:** 用力提升上身至45°。 **动作2:** 还原。 **注意：**双侧肩胛骨应同时用力提升	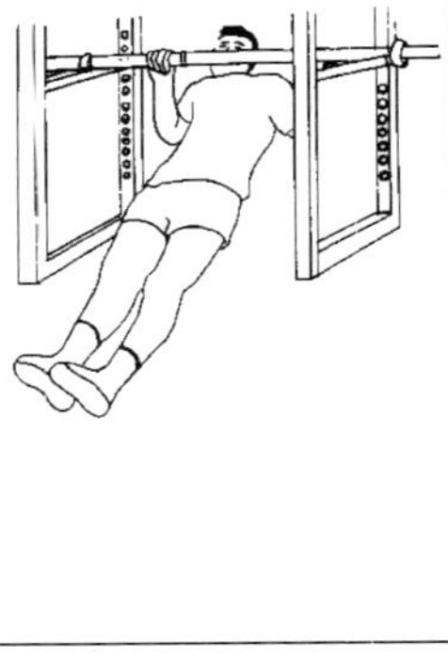	后肩部肌群、三头肌（训练时，注意平衡肌肉训练）

续表

动作名称	动作要领	图示	目标锻炼肌肉(群)
腹肌训练方法 （这些训练有助于提高腹肌力量）			
双腿冲天	2 拍动作。 **预备姿势：**平躺在地面上，双手抱头，双腿抬起与地面垂直。 **动作 1：**用腹肌抬起上半身，用双手触脚。注意：只有上半身离开地面。 **动作 2：**还原。 **变换训练：**躺在地上，手放在身体两侧，大腿与地面垂直；腹肌用力，使臀部离地，带动双腿向头部后上方的天花板抬起。该动作虽然幅度小，重复几次便可感到身体发热，脂肪在燃烧		腹肌
屈伸腿	2 拍动作。 **预备姿势：**平躺在地面上，双手抱头，抬起双腿，膝盖弯曲。 **动作 1：**抬起上身 25~30 厘米。 **动作 2：**还原。 **变换训练：**躺在地上，双腿弯曲，脚掌着地，将双腿向胸部拉伸。手臂也有多种姿势（由易到难），放在身体两侧、抱头、交叉放在胸前、交叉举过头顶		腹肌

续表

动作名称	动作要领	图示	目标锻炼肌肉（群）
仰卧起坐	2 拍动作。 前面已经详细介绍过该动作要领。理想训练应该包含整个生理运动幅度，即腹肌伸展 30°（预备姿势）到躯体 75°～90° 的训练。 **注意：**只有上身才可以抬起，这样可以最大限度锻炼腹肌；加入腿部动作，可以锻炼臀部肌肉		腹肌
侧身仰卧起坐/仰卧起坐转体	2 拍动作。 **预备姿势：**侧躺在地上，双手抱头，屈膝，双脚着地，一只脚放在另一条腿的膝盖上，或者双腿向胸部抬起弯曲。 **动作 1：**缓缓抬起上身，将离地肩膀屈向另一侧膝盖。 **动作 2：**还原。 交换手臂、膝盖，换位训练	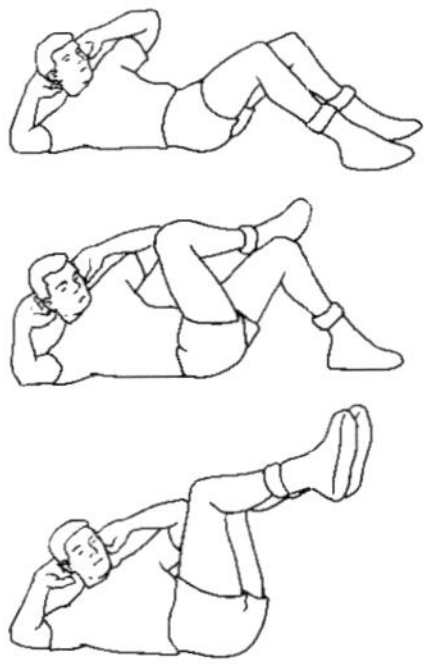	腹肌、腹斜肌
转体膝悬空	2 拍动作。 仰躺，双手伸直离开身体，双腿并好，腾空弯曲。 **动作 1：**双腿向一侧翻转，直至腰部离开地面。 **动作 2：**还原，反向做相同的动作	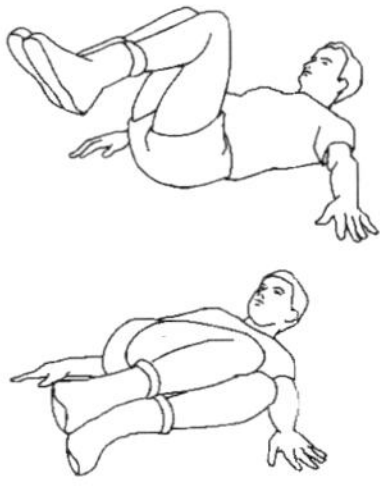	腹肌

续表

动作名称	动作要领	图示	目标锻炼肌肉(群)
腹肌和髋关节屈肌训练方法 **注意**：此组训练每周不得超过 2 次，否则会因为过度训练，造成损伤。同时要掌握正确的动作要领，否则会引起腰部、背部酸痛			
平躺抬腿	**2 拍动作。** **预备动作**：仰面平躺，双手放在臀部下方，双腿伸直并拢，抬高 10 厘米。 **动作 1**：双腿向两侧分开 60~90 厘米。 **动作 2**：还原	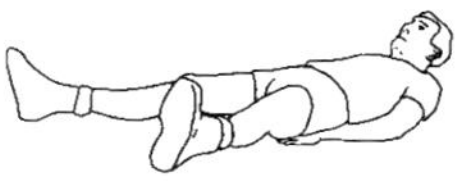	腹肌、髋关节屈肌
仰卧交替摆腿	**4 拍动作。** **预备动作**：仰面平躺，双手放在臀部下方，双腿伸直并拢，抬离地面 15 厘米。 **动作 1**：用力抬高右腿，左腿保持紧绷。 **动作 2**：还原右腿，换方向提拉左腿。 重复上述动作，再训练一遍	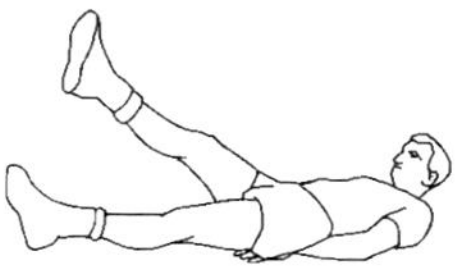	腹肌、髋关节屈肌
坐姿交替摆腿	和上组动作要领一样，预备姿势为坐位		腹肌、髋关节屈肌

续表

动作名称	动作要领	图示	目标锻炼肌肉（群）
平躺弓膝	2 拍动作。 **预备姿势：**仰面平躺，手臂放在身体两侧，双腿抬起离地 15 厘米。 **动作 1：**弯曲双腿，用腹部肌肉力量将膝盖上提，靠近胸前。 **动作 2：**还原。 **变换训练 1：**以坐位做相同的训练。 **变换训练 2 如下 。** **预备姿势：**平躺，双手抱头，一腿弯曲，脚掌着地，另一腿伸直。 **动作 1：**弯曲向胸部提拉伸直的那条腿，同时对称肩部做交叉转体。 **动作 2：**还原	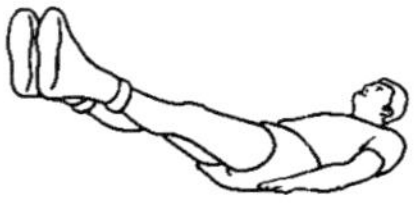	腹肌、髋屈肌
仰卧双腿画圈	2 拍动作。 **预备姿势：**双手放于臀下，双腿绷直抬起 60 厘米，两脚间距 90 厘米。 **动作 1：**脚尖向内（外）画圈。 **动作 2：**还原，换方向画圈		腹肌、髋关节屈肌

续表

动作名称	动作要领	图示	目标锻炼肌肉（群）
背部肌肉和臀部伸张肌训练方法			
超人式拉伸	**预备姿势：**仰躺或趴着。 用力紧绷抬起对称的一只手臂和一条腿，坚持 3~5 秒。还原。换方向做相同训练。 **注意：**趴着做这个动作时，腿不能高于臀部，以免拉伤肌肉。 该动作能量消耗较小，多做几次身体才会发热	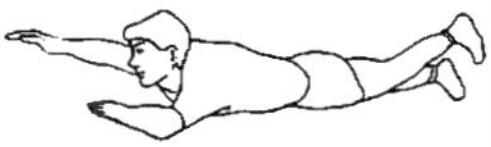	背部肌肉、髋关节伸肌有利于促进身体平衡性
后踢腿	**2 拍动作。** **预备姿势：**双膝跪地，手臂伸直，两手撑地。 **动作 1：**后踢腿。 **动作 2：**还原。 同一条腿反复训练，直至臀部发热，再换另一条腿做相同训练。 踢腿不宜高过臀部，否则会造成背部酸痛		髋关节伸肌
俯卧交替摆腿	**2 拍动作。** 预备姿势：四肢伸直趴在地上。 **动作 1：**向上提拉一条腿。 **动作 2：**还原，提拉另一条腿。		背部肌群、髋关节伸肌

续表

动作名称	动作要领	图示	目标锻炼肌肉(群)
（同上）	**注意：**腿不宜高过臀部，否则造成背痛。 强烈推荐该动作，可以有效促进臀部屈肌和伸张肌的平衡	（同上）	（同上）
伏地背部伸展	趴在地上，双手抱头，提拉上身，保持几秒钟后还原。可以通过变换手臂位置改变难度。双手放在背部，难度最小；双手抱头较难，双手伸直放在前面难度最大	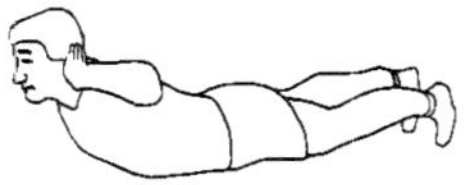	背部肌肉、髋关节伸肌
臀部 / 腿部外展肌与内收肌训练方法 **注意：**强烈建议在体能训练计划中加入腿部外展肌（尤其是控制向外运动的肌肉）、内收肌（尤其是控制向内运动的肌肉）训练			
侧卧提腿	**4 拍动作。** **预备姿势：**侧卧屈腿，大腿与上身呈 90°，提拉上腿，还原。注意膝盖和脚踝要保持在同一平面上。如果需要增加难度，可在腿上加放重物进行负重训练。 **4 拍动作。** **动作 1：**提腿。 **动作 2：**伸直腾空的那条腿。 **动作 3：**屈腿还原动作 1。 **动作 4：**还原初始动作	 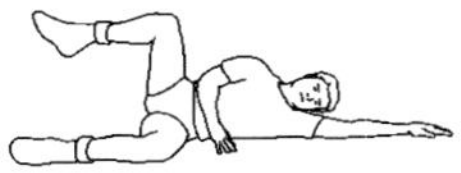	臀部和腿部外展肌

续表

<table>
<tr><th>动作名称</th><th>动作要领</th><th>图示</th><th>目标锻炼肌肉(群)</th></tr>
<tr><td>侧卧提腿变换训练 1</td><td>2 拍动作。
预备姿势：双腿并拢伸直，上侧腿屈膝放于下腿膝盖前，下侧手屈肘垫于头部下方，上侧手扶于体前使身体保持平衡。
动作 1：向上提拉下侧腿，直至疲劳。
动作 2：收腿还原。感到大腿内侧肌肉受到明显拉伸，有利于平衡臀部外展肌</td><td></td><td>臀部内收肌，有利于攀岩的训练</td></tr>
<tr><td>侧卧提腿变换训练 2</td><td>4 拍动作。
如“侧卧提腿”所示，动作 4 不还原，继续向上提拉上侧腿直至有疲劳感，然后放下腿</td><td>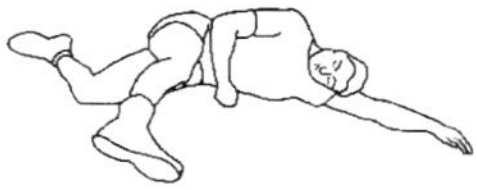</td><td rowspan="3">臀、腿部内收肌</td></tr>
<tr><td>侧卧提腿变换训练 3</td><td>下侧腿膝盖弯曲 90°，上侧腿伸直，提拉上侧腿</td><td>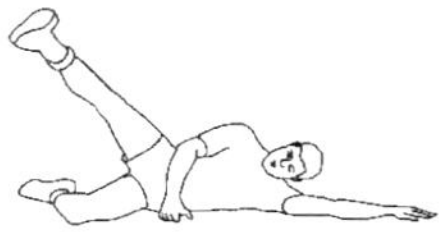</td></tr>
<tr><td>侧卧提腿其他的变换训练</td><td colspan="2">腿部腾空画圈；仰卧，向头部提拉双腿；俯卧，向背部提拉双腿；平躺屈膝，大脚趾触地</td></tr>
</table>

续表

动作名称	动作要领	图示	目标锻炼肌肉(群)
腿部伸张肌和内收肌训练方法			
手扶体侧半蹲	立正站好，双脚与肩同宽，屈膝下蹲，膝部不能超过脚尖，背部挺直，双手自然下垂放于身体两侧，还原	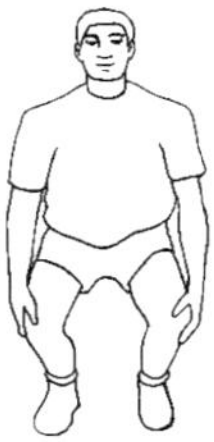	臀部肌群、腿部肌群
单腿半蹲	立正站好，双手叉腰，抬起一条腿，另一条腿支持身体重量。屈膝下蹲，直至大腿几乎与地面平行。下蹲幅度越大，腿部受力就越大。尤其在没有健身器械时，能够有效锻炼腿部肌肉		臀部肌肉、腿部肌肉
小腿肌肉训练方法			
提小腿	立正站在平台上，脚跟在外沿，抬起脚跟，用小腿及下身力量提拉全身，不宜超过90厘米。提拉时，脚尖方向分为向内、向前、向外3种，从而锻炼不同的肌肉		小腿肌肉

8.4.2 改良式柔韧体操技术

在体能训练中，可以运用健身操进行力量训练，常用的方法是增加阻力法、同伴辅助训练法、负重法。很多专家推荐同伴辅助训练法，原因如下。

① 便捷，可以不使用健身器，在任何地点训练。

② 在基地保证力量训练。

③ 增强搭档之间的默契。

同伴辅助训练法可以根据同伴能提供的阻力大小，进行不同的力量训练。日常的健身操训练可以持续提高肌肉的耐力素质。每组重复次数决定了训练类型，重复次数在4~10次是力量训练；超过10次则是耐力训练。根据具体的体能训练目标，同伴可以通过调整阻力控制重复次数，达到训练目的。为了取得最佳效果，进行此类训练时，请注意放慢速度。表8–3提出了同伴辅助的健身操训练建议，表8–4则介绍了同伴辅助的健身操训练动作。

表8–3　同伴辅助的健身操训练建议

每项训练前要进行5~10分钟的热身活动， 然后伸展将要锻炼的肌肉；
每组重复6~10次，每人每项训练做3组训练；
每项训练结束后，要做伸展活动；
同伴的体型和体重要与自己相似

表8-4 同伴辅助的健身操训练动作表

动作名称	动作要领	目标锻炼肌肉(群)
正手俯卧撑	训练者做好准备动作，同伴抓住训练者的脚踝，将腿提高到自己的臀部位置，让训练者以这个姿势做俯卧撑，注意挺直身体	胸肌、三头肌、前臂肌群、腹肌
手推车俯卧撑	训练者做好俯卧撑准备动作，同伴抓住训练者的脚踝，将腿提高到自己的臀部位置，训练者用手在地上行走，允许其手臂弯曲	胸、腹肌、三头肌、肩部肌群
单手俯卧撑	训练者做好准备动作，同伴抓住训练者的脚踝，将腿提高到自己的大腿或臀部位置，同伴配合训练者做单手俯卧撑	上背部、肩部、胸部肌群、三头肌
臂部抗阻训练	训练者仰躺在地面上，双手伸直放在身体两侧，当上提手臂时，同伴向下压住手臂，阻止上抬手臂；当向外伸展手臂时，同伴同样向内施加阻力；也可用于俯卧训练	肩、背、胸部肌群
向后手推车俯卧撑	训练者做好俯卧撑准备动作，同伴抓住训练者的脚踝，将腿提高到自己的臀部位置，训练者用手在地上向后行走	肩、背、腹部肌群
倒立俯卧撑	训练者倒立，同伴抓住训练者的脚踝保持平衡，然后曲臂，注意头部不要碰地	肩、背、腹部肌群

续表

动作名称	动作要领	目标锻炼肌肉(群)
	背部训练	
婴儿式	训练者双膝跪地，双手抱头，同伴抓住其脚踝；训练者的头部向地面弯曲，直至前额触到地面，还原	背部伸张肌
跪地提臂	训练者双膝跪地，双手向上方伸展，同伴抓住其脚踝；训练者的手臂向两侧伸展，还原	背部伸张肌
	腹部训练	
提拉上身	训练者仰躺于地，双手放于头下，同伴抓住其脚踝，将腿提至自己的大腿或臀部位置；训练者利用腹肌将上身向腿部提拉，还原	腹肌
负重侧拉	训练者将同伴背在肩头，进行向左、向右拉伸训练。注意根据同伴的体重控制动作幅度，避免训练损伤	腹斜肌
	臀部、腿部训练	
二人双蹲	二人背靠背站立，用力依靠彼此，同时下蹲；蹲至大腿与地面平行时，还原	臀部、腿部肌肉

续表

动作名称	动作要领	目标锻炼肌肉(群)
单腿下蹲	立正站好，训练者抬起一条腿，同伴将其抓住，并握好对称那侧的手臂；在同伴的辅助下，进行下蹲训练，其最大幅度是大腿与地面平行	臀部、腿部肌肉
负重下蹲	训练者将同伴背在肩头，进行下蹲训练。下蹲时，大腿应与地面平行	臀部、腿部肌肉
腿部抗阻训练	训练者仰躺于地，同伴阻止其向胸部提拉大腿。训练者立正站好，同伴阻止其下蹲	臀部内收肌、臀部外展肌
负重提拉小腿	训练者将同伴背在肩头，脚跟离开地面，向上提拉身体	腓肠肌
俯卧撑／下蹲	一人做好俯卧撑预备动作，将腿放在另一人肩上；二者同时进行俯卧撑、下蹲训练	俯卧撑：前肩、胸、腹部肌肉，三头肌 下蹲：臀腿部肌肉

09

肌肉增强训练

训练者过早地进行肌肉增强训练可能给身体造成损伤，因为身体承受不了过重的压力。肌肉增强训练是较高级的技巧训练，必须在专业教练的指导下进行。进行增强训练时，经常会涉及爆发力方面的训练（比如从物体上跳上、跳下，单腿或双腿快速从楼梯上跳上、跳下），目的是将肌肉的力量转化为爆发力。跑、跳、抓或掷等人体动作，本质上是进行肌肉增强运动。

矮箱跳准备

矮箱跳动作

通过增强训练，肌肉可在短期内达到力量的最大化。换句话说，肌肉力量加上速度相当于爆发力。增强训练的目的是增加肌肉反应能力，快速将力量转化为爆发力。此类训练与普通的有氧训练或力量训练不同，锻炼的不是常见的三大代谢供能系统，而是提升神经肌肉系统功能，提高肌肉对重压的反应速率。利用肌肉弹性和神经肌纤维反射，肌肉增强训练能够加快人体运动速度，增大运动距离（掷铅球）。

肌肉增强训练是强度极大、针对性极强的专项训练，如果训练不当，极易导致损伤。

9.1 肌肉增强运动机理

肌肉增强训练能够提升肌肉爆发力，并能提高肌肉纤维的快速反应能力，加大肌肉力量和收缩速度。增强式训练利用肌肉反冲特性（尤其是肌肉拉长时的离心收缩运动），加快随之发生的肌肉向心收缩速度。这个“过程”能在肌肉被拉伸前激发肌肉的反冲特性。例如，打棒球前做挥臂动作，棒球会被打得更远；运动员起跳前做屈膝动作，会跳得更高、更远。肌肉增强运动的过程（如图9–1所示）可分为以下三个阶段：

① 肌肉拉长阶段（离心收缩运动）；

② 缓冲阶段；

③ 收缩阶段（向心收缩运动）。

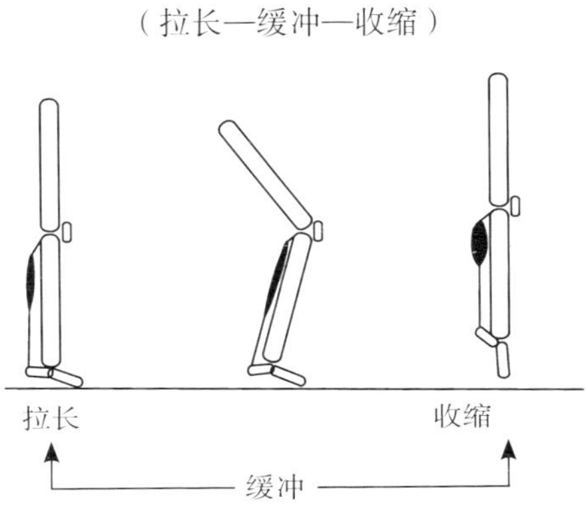

图9–1　肌肉增强运动的过程

在拉长阶段，肌肉就像被拉长的弹簧，因被拉长而绷紧，肌肉纤维的这种收缩称为离心收缩；从高处跳下、跑下、放下重物时，肌肉会发生这种收缩运动。肌肉被拉长时，肌肉紧绷，发生离心收缩。肌肉发生向心收缩运动的过程，我们称为收缩阶段。在这个阶段，肌肉发生向心收缩，长度变短，人体做出实际动作（人体空间的移动）。

从离心收缩转为向心收缩的过程，我们称为缓冲阶段。这一阶段至关重要，肌肉增强训练主要是训练这一阶段的肌肉运动。正是在这个阶段，肌肉要把拉长肌肉中积蓄的力量转化为收缩阶段的爆发力，并且选择一个方向释放爆发力。肌肉的弹性和神经反射系统会控制这个过程。增强式训练的目标就是加快转化速度，缩短缓冲期，提高速度。

9.2 肌肉增强训练的准备活动

进行所有的肌肉增强训练前，都应在较柔软的场地进行足够的热身运动。很多资料显示，进行增强训练时，人体下身所能承受的最大负重量是自身体重的1.5~2倍，而且只能重复训练1次；对于身材魁梧（体重超过115千克）的训练者而言，能够负重115千克进行卧推训练；体重小于115千克的运动员进行上身训练时，最大负重量不能超过自身体重的1.5倍。

腿、臀、臂、肩等身体部位有任何损伤时，都不得进行增强式训练。

9.2.1 肌肉增强训练安全准则

进行肌肉增强训练时，必须采取相应的安全措施，主要有场地、运动鞋、训练器材、训练技巧等四个方面的安全要求。

1. 场地

训练者不能在过硬的场地进行肌肉增强训练，如混凝土地面、钢板上；也不能在过软的场地训练，如沙地。最佳场地是草地，如人工草坪；摔跤垫上也可进行此类训练。但摔跤垫不宜过厚（不能超过15厘米），否则会加长缓冲时间，浪费肌肉拉长时所蓄积的能量，从而降低训练效果。

2. 运动鞋

建议训练者穿对脚踝、足弓支撑性强、稳定性强的运动鞋，鞋底要宽大、防滑。

3. 训练器材

需要准备跳箱，以进行深跳和跳箱训练。跳箱的规格：具有防滑表面；不得高于1.2米，建议高度在0.5~0.75米，宽0.45~0.7米，不得长于1.2米。

健身球是一种常见的健身用具，球重不得超过常规负重的10%。例如，你平时负重90千克进行卧推训练，那么你的健身球不得超过9千克。对球的材质没有特殊要求，皮面、塑料面或橡胶面均可。

4. 训练技巧

和其他训练一样，进行肌肉增强训练必须采用正确的训练技巧。例如，训练箭步蹲时，下蹲幅度不宜过大，膝关节弯曲角度不得超过90°，角度过大，容易损伤膝盖软骨及韧带；膝盖与脚尖在一个平面上，不得超出脚尖；向正前方迈步，而不是向侧边迈步。进行深蹲跳训练时，注意保持上身挺直。

过度训练会导致训练损伤，身体若有不适，请立即终止训练。

9.2.2 计划制订及负荷原则

进行肌肉增强训练时，训练者要量力而行，根据自身情况制订相应的训练计划。训练强度过大会给肌肉、关节、结缔组织造成过大压力，导致损伤。体重较大的训练者可以量力进行较高强度的肌肉增强训练，但是，体重过大（超过90千克）的训练者则不宜进行高强度训练。**有训练损伤史的运动者，训练前请咨询运动生理学家。**

骨骼肌遭受任何损伤者，一律不得进行肌肉增强训练。

特种部队的肌肉增强训练应包含与作战任务相关的各种动作姿势，如跳高、跳远、侧向跳等动作。例如，下坡滑雪会应用两侧对称手脚协同发力，室内近距离格斗包含水平方向的动作、垂直方向的动作和对角线方向动作。

任何体能训练计划都应包含负重训练，不管是心肺功能训练，还是肌肉力量、耐力、爆发力的训练。负重训练原则包含三个基本变量：训练频率、训练量或持续时间、训练强度。训练过程中注意循序渐进，量力而行，可以增加其中一个变量，也可以综合加大难度进行训练，提高心肺功能、神经肌肉系统功能和肌肉各项素质。

1. 训练频率

训练频率是指每周（或其他时间单位）的训练次数。就肌肉增强训练而言，频率应该控制在每周1~3次，根据训练内容和季节调整。如果有作战需要，海军特种部队的肌肉增强训练频次应为每周

2次，其间至少休息2~3天，恢复体能，以免受伤。

2. 训练量或持续时间

肌肉增强训练的训练量是指每次训练的脚着地次数。

① 训练初期：每场训练着地80~100次。

② 训练中期：每场训练着地100~120次。

③ 训练后期：每场训练着地120~140次。

3. 训练强度

在肌肉增强训练中，训练强度是指对神经肌肉系统、结缔组织、关节的刺激程度，当然，强度和具体项目的种类也有关系。例如，滑雪是低强度训练项目，而深蹲跳箱训练则是高强度项目。常用的判断标准如下：

① 跳高比跳远的强度大。

② 单腿着地比双腿着地的强度大。

③ 身体离地面越高，着地时用力越大，训练强度则越大。

④ 负重也可以增大强度。

制订具体训练计划时，每次训练最好只提高一个变量，这样可以降低受伤风险。通常保持训练频率不变，以训练量或训练强度为变量。在肌肉增强训练后期，强度加大的情况下，通常要减少训练量，以免给肌肉、结缔组织和关节带来过大压力，造成损伤。

表9-1介绍了一个为期10周的肌肉增强训练计划。请记住，应根据即将到来的比赛或战斗进行类似训练。

表9–1　10周肌肉增强训练计划

周次	训练内容	训练量
第1~2周	4种低强度项目	2组 ×10次
第3~4周	2种低强度项目	2组 ×10次
	2种中强度项目	2组 ×10次
第5~6周	4种中强度项目	2~3组 ×10次
第7~8周	2种中强度项目	2~3组 ×10次
	2种高强度项目	2组 ×10次
第9~10周	4种高强度项目	2组 ×10次 （跳箱训练）

摘自《速度素质训练与增强式训练》《力量训练与体能训练基础》。

表9–2以跳跃方向和运动强度为标准，对肌肉增强训练做了分级。后文将对表中的各种训练项目做详细介绍。

表9–2　肌肉增强训练分级表

（以跳跃方向和运动强度为标准）

方向	低强度	中强度	高强度	超高强度
跳高	蹲跳 分腿蹲跳 循环分腿蹲跳	派克跳 双脚屈膝跳	单/双脚垂直跳 单脚屈膝跳	深跳 单/双脚 跳箱训练
跳远＋跳高	—	立定三跳 双脚蹦跳 换脚弹跳 跳高跳远混合跳 向前跳越障碍物	单腿蹦跳	—

续表

方向	低强度	中强度	高强度	超高强度
跳远	—	四边形蹦跳训练	单/双腿快速蹦跳 单/双脚跳箱训练	深跳
对角线	—	四边形蹦跳训练 双脚Z形蹦跳	—	—
侧向	—	—	侧向跳跃障碍物	—
上身增强训练	腹肌推球 直臂接球 侧扔健身球 健身球仰卧起坐 增强式仰卧起坐	健身球俯卧撑	拍手俯卧撑	健身球下滑俯卧撑

9.3 如何进行肌肉增强训练

进行肌肉增强训练时，注意要有充分的热身准备活动和放松整理运动，主要使用动力性拉伸运动。根据具体训练内容，进行相应部位的伸展活动。例如，箭步蹲、摆腿等拉伸动作，也可以加入静力性拉伸运动。

每周进行2次肌肉增强训练就足够了。

海豹突击队队员通常在执行任务前，进行8~10周的肌肉增强训练。如果时间紧、任务重，他们会在体力充分恢复的前提下，每周训练3次。

身体同一部位的高强度力量训练和肌肉增强训练不能放在同一天。

然而，同一天可以进行上身力量训练和下身肌肉增强训练，也可交叉进行上身肌肉增强训练和下身力量训练。

训练后必须充分恢复体能，这通常需要1~3天，具体恢复时间视运动强度而定。如果日程紧张，必须协调好力量训练和肌肉增强训练的强度，并保证有充足的时间恢复体力。假如必须进行高强度的肌肉增强训练（如需要马上执行任务），那么则需降低力量训练强度。

9.4 肌肉增强训练项目

弹跳时，手臂要伸直，并与地面保持平行，同时假想自己在空中摇摆会有利于发挥出更高水平。肌肉增强训练的主要目标是提高速度，注意采用正确的姿势和训练技巧。

表9-3和表9-4总结了各类肌肉增强训练动作，其中表9-3的训练动作按由易到难的顺序排列。

表9–3 肌肉增强训练动作

训练项目	强度 / 方向	动作要领
原地跳与立定跳（双脚着地跳）		
蹲跳	低 / 跳高	双手抱头以半蹲姿势迅速跳起，着地也是半蹲，并再迅速跳起，尽力跳到最高，着地时仍要保持蹲坐姿势；从起跳到着地为一次跳高，着地后立即进行下一次跳高，一口气完成一组所有训练。注意手臂全程要抱头
分腿蹲跳	低 / 跳高	做好箭步蹲预备姿势，前弓后箭微蹲（右脚在前），借由左腿小腿助力迅速跳起，然后以同脚于同侧落地（右脚在前）为原则落下，并马上再以相同的姿势跳起；注意都是向上跳，不要往前跳。注意保持手臂姿势，放在身体两侧。一口气完成一组所有训练，接着换腿进行下一组训练
循环分腿蹲跳	低 / 跳高	做好箭步蹲预备姿势，前弓后箭微蹲（右脚在前），借由左腿小腿助力迅速跳起，然后以同脚于不同侧落地（右脚在后）为原则落下，并马上再以相同的姿势跳起；注意都是向上跳，不要往前跳。注意保持手臂姿势，放在身体两侧。一口气完成一组所有训练。注意每次起跳后，空中要交换双脚的前后位置

续表

训练项目	强度 / 方向	动作要领
单脚屈膝跳	高 / 跳高	（右）单脚立微蹲，双手放松置于体后，借助双手和脚的助力起跳，跳至最高点时双手抱膝、放开，再以（右）单脚落地，并要求迅速再跳起。一口气完成一组所有训练，中间不得进行其他弹跳力训练
双脚屈膝跳	中 / 跳高	双脚站立微蹲，跳起后双手抱膝、放开再双脚落地，并要求迅速再次跳起。一口气完成一组所有训练，每次都要尽力跳到最高
双脚垂直跳	高 / 跳高	双脚站立微蹲，双手放松置于体后，借助双手和脚的助力迅速起跳，尽力跳至最高，然后双脚落地，马上再次起跳。完成一组所有训练，中间不得进行其他弹跳力训练
单脚垂直跳	高 / 跳高	单脚站立，双手放松置于体后，借助单手或双手、脚的助力迅速起跳，尽力跳至最高，然后单脚落地，马上再次起跳。完成一组所有训练后，换脚进行下组训练，中间不得进行其他弹跳力训练
立定三跳	中 / 跳远 + 跳高	双脚分立，与肩同宽，双手放松置于体后。借助双手摆力和双脚助力，尽力向前远跳，右脚着地，再次迅速起跳并左脚着地，再次迅速起跳，这次双脚着地。下一组训练时，交换方向，左脚首次着地，再换右脚，再双脚着地。一口气完成所有训练，每一跳都要尽力跳到最远

续表

训练项目	强度 / 方向	动作要领
混合跳训练（双脚着地跳和单脚着地跳的混合训练）		
双脚蹦跳	中 / 跳远 + 跳高	双脚分立，与肩同宽，双手放松置于体侧。尽力向前远跳，腾空时双脚向臀部收回，要求双脚同时着地，再次迅速起跳，一口气完成所有训练。 目标：达到最远距离
前跳越障碍	中 / 跳远 + 跳高	摆放 5 个障碍物，相距 1 米，成一条直线。双脚站立，以最快速度跳过每个障碍物，全部双脚着地。 注意：循序渐进，训练初期从较低障碍开始，逐渐增加高度
单脚蹦跳	高 / 跳远 + 跳高	双脚一前一后，做出迈步姿势，前脚着地助蹬，后脚放松抬起，尽力向前远跳，前脚着地，再次迅速起跳。一口气完成同脚所有训练，然后换脚训练。 注意：全程一脚着地，后腿屈膝抬起
双脚快速蹦跳	高 / 跳远	双脚并拢，双手伸直放松置于体侧后。双脚尽力向前远跳，腾空时双脚向臀部收回，着地姿势与起跳姿势相同，再次迅速起跳，一口气完成所有训练。 注意：双腿应全程并拢。 首先注重速度训练，其次是跳远训练，再次是跳高训练

续表

训练项目	强度 / 方向	动作要领
单脚快速蹦跳	高 / 跳远	双脚一前一后，做出迈步姿势，前脚着地助蹬，后脚放松抬起，尽力向前远跳，前脚着地，再次迅速起跳，一口气完成同脚所有训练，然后换脚训练。 注意：全程单脚着地，后腿屈膝抬起。 首先注重速度训练，其次是跳远训练，再次是跳高训练
侧向跳越障碍	中 / 跳远 + 跳高	摆放 1 个障碍物。双脚站立，以最快速度侧向跳越障碍物，双脚着地；然后以相同姿势迅速跳回，回到起跳点。目标提高半分钟的跳跃次数。 注意：循序渐进，从训练初期较低障碍开始，逐渐加高
四边形跳跃训练	中 / 跳远 + 侧跳 + 对角线跳	在平地上画一个边长为 1.5 米的四边形，标好 ABCD 4 个顶点。从 A 点起跳，跳到 B 点，然后是 C 点、D 点。尽量在半分钟内跳更多次数。进行各个方向的弹跳训练，可以有效提高弹跳速度
双脚 Z 形蹦跳	中 / 对角线	延续前面双脚往前跳动作，并于（斜前面）距离 45~60 厘米放置障碍物，然后连续跳过障碍物；注意跳起前双手置于后，跳起瞬间双手屈肘 90° 置于体侧。注意：肩膀始终垂直于地面

续表

训练项目	强度 / 方向	动作要领
弹跳训练（一脚起跳，另一只脚着地）		
换脚弹跳	高 / 跳远 + 跳高	双脚一前一后，做出迈步姿势，中心置于前脚（左）助蹬，后脚（右）放松，尽力向前远跳；腾空尽力抬高左膝，右脚着地，着地后右脚迅速起跳，此次左脚着地；以此类推，左右脚轮流起跳着地。一气呵成，完成所有训练。 注意：起跳和着地不是同一只脚。 目标：跳得越远越好
混合换脚弹跳	高 / 跳远 + 跳高	双脚一前一后，做出迈步姿势，重心置于前脚（右）助蹬，后脚（左）放松，尽力向前远跳；腾空尽力抬高右膝，右脚着地，着地后右脚再迅速起跳，此次仍是右脚着地；右脚第三次起跳，此次左脚着地，左脚着地后迅速起跳，又轮回右脚着地，到此完成一组训练；以此类推，着地顺序为右、右、左。一气呵成，完成同侧所有训练，再换另一侧训练
深跳	极高 / 跳高或跳远	脚跟站在跳箱上，脚尖腾空，起跳时手臂放在两侧，然后迅速后伸助摆，身体自然下落（不是跳下），双脚掌着地，双腿屈膝与肩同宽。根据跳高或跳远训练要求，注意变换手臂摆动方向和脚步助力方向

续表

训练项目	强度/方向	动作要领
深跳/跳箱训练		
跳箱训练（单/双脚）	极高/跳高或跳远	准备4~8个1~2米高度不等的跳箱，根据场地情况随便摆好。也可以用单个跳箱训练。单、双脚训练均可，单脚难度更大，只适用于那些肌肉增强训练、体重低于100千克的人。跳箱起始高度应为0.6米，双脚分立微曲与肩同宽，双手微微后摆，向前跳上第一个跳箱，单、双脚着箱都可，着箱后立即跳箱，然后迅速起跳，跳上下一个跳箱

表9–4　上身肌肉增强训练动作

训练项目	强度	动作要领
腹肌扔球	低	双膝跪地，双手将球举过头顶，腹肌用力带动身体前屈，向前扔球，手臂缓慢向前推移
健身球仰卧起坐	低	需要同伴辅助训练。训练者坐在地板上，双腿弯曲放在地板上，同伴手抱健身球站在1.5~2米的地方，向训练者的胸部扔球，训练者顺球势下躺，双肩将要碰触地板时迅速起身，并向前屈体
直臂接球	低	需要同伴辅助训练或者对墙训练。准备一个弹性较好的健身球，将球握在胸前，手臂伸直，向前扔球，扔出后手臂略微放松；当同伴扔回球或者球从墙面反弹回来时，用伸直的手臂接球，以球的阻力锻炼手臂屈肌

续表

训练项目	强度	动作要领
下落俯卧撑	极高	双膝跪在地板上，上身与地板垂直，保持上身挺直，向前屈体，双臂伸直支撑身体，双手距离略大于肩距
侧身扔球	低	需要同伴辅助训练或者对墙训练。准备一个弹性较好的健身球。侧身站于墙前，或者一侧抱球，同伴站于另一侧，用一只手从侧面向墙或同伴扔球，手臂保持不动，待球反弹回来时接球。反复这个动作可有效锻炼扭转力
增强式仰卧起坐	低	仰躺在地板上，抬起双腿与地面垂直，同伴双腿分立，握住训练者脚踝，训练者也抓住同伴的脚踝；同伴握住双腿为其向前压腿，训练者稍微施加阻力，促进力量积蓄，在腿要触及地面时，迅速还原预备姿势
健身球下落俯卧撑	中	身体做俯卧撑准备姿势，将双手撑在健身球上，保持身体稳定。双手滑向地面，身体也随之下压，接近地面时迅速伸展手臂支撑身体，身体到最高处时，还原预备姿势，进行重复训练
拍手俯卧撑	高	身体做俯卧撑准备姿势，弯曲手臂，做下压动作。伸展手臂，身体到达最高处前拍手。还原预备姿势，反复训练

9.5 上下坡肌肉离心收缩训练

海豹突击队很多的作战任务都是在陆地执行的，如小分队巡逻。巡逻时上、下山会导致肌肉酸痛，损伤肌肉韧带，降低肌肉力量素质，而且这些症状会持续好几天。海军健康研究中心近来的一项研究显示：隔周进行上、下坡跑步训练会减少上述症状，这种腿部肌肉训练方法可以提高队员的山区作战能力。负重上、下坡跑步训练也是行之有效的方法。

10

负重训练

长时间负重作战是对海豹突击队队员体能考验最大的战斗类型。队员必须能够在任何战场进行任何形式的负重作战，不管是河流、丛林、沙漠、高山等常规战场，还是极地、赤道等特殊战场；不论是常规作战方式，还是其他形式的渗透作战。在执行任务之前，海豹突击队队长必须对负重类型和重量做出部署，要决定携带哪些武器（是常规作战器械，还是特殊作战装备）以及最低的负重量。

复合武器系统和侦测技术的发展，在提高武器火力、作战安全性的同时，也对队员的负重战斗提出了新要求和新挑战，因为这些高科技战斗装备通常都较重。

海豹突击队队员平时必须进行负重作战模拟训练，包括短程负重训练和远程负重训练两种。训练过程中，要综合考虑天气、地形、体内水分情况、环境适应性等影响因素。

平时负重训练不足，会导致海豹突击队队员在负重作战过程中体力不支，引起过度疲劳和肌肉拉伤。

本章将从如下几个方面介绍负重训练，为战斗做好充分准备：

① 人体生理因素和环境因素；

② 最佳负重量；

③ 负重体能训练；

④ 常见损伤与疾病。

10.1 人体生理因素和环境因素

10.1.1 身体体重与负重重量

理想情况下，应该根据个人体重确定相应的负重量，而不是硬性规定统一的负重量。然而，在实际作战中，往往不允许队长考虑这么多，所有队员必须奋力协同作战，完成任务。因此，必须事先计算出负重上限，以免那些体型较小、体重较轻的战士消耗过多体能，导致体力不支。

作战时，确定负重量比选择武器装备更为重要。根据相关研究显示，最佳负重量可以根据体重比例计算得出，它通常是指体能消耗不成比例大幅上升之前所能承受的最大重量。虽然有些士兵的体能测试分数很高，理论上他们能背负自身体重45%的装备，以每小时6.4千米的速度行军8小时，但实际负重最好低于这个标准。

第一黄金准则：负重上限是自身体重的40%。以体重70千克的士兵为例，负重重量应为28千克。

实际作战时，体能消耗往往会超过这个比例。有报告显示，负重作战时，体能消耗会超比例增加。如果负重重量超过体重的40%，那么士兵会很快出现疲劳感。**关键是要把武器装备放在身体重心附近**，这样会降低体能消耗，所以，士兵通常用后背负重。

10.1.2 负重的生物力学依据

负重重量超过自身体重的50%时，虽然不会增加脚的触地时间，但是会延长迈步时间，从而降低行走速度。随着负重重量的增加，脚对地面的压力也会加大，此时应减小步伐，增大步频，维持正常行军。

小步伐行走能够最大限度降低身体压力，减少下背部和足底损伤。

10.1.3 负重与行走速度

以自身选择速度（Self-pacing）行走时，人体的体能消耗较低。但是，实际作战往往要求士兵按统一速度（Forced-pacing）行军，此时的体能消耗较大；尤其在负重行军时，体能消耗更大。负重训练的自身选择速度和训练强度受以下三个因素影响：

① 负重重量；

② 有氧代谢能力；

③ 行走距离。

进行23千克的中等负重训练时，自身选择速度应是最大有氧代谢能力的30%~35%。

负重量较小时，运动强度通常是最大有氧代谢能力的45%左右。然而，短距离的低负重训练的运动强度，也能达到最大有氧代谢能力的60%。请记住：**进入或撤离战场时，行走速度和负重重量两个因素，共同决定了体能消耗水平。**图10–1是负重量和行走速度的疲惫感曲线。高能量消耗率（900~1000卡路里/时）只能维持6~10分钟。想要以这个强度快速行走，必须减少负重量。

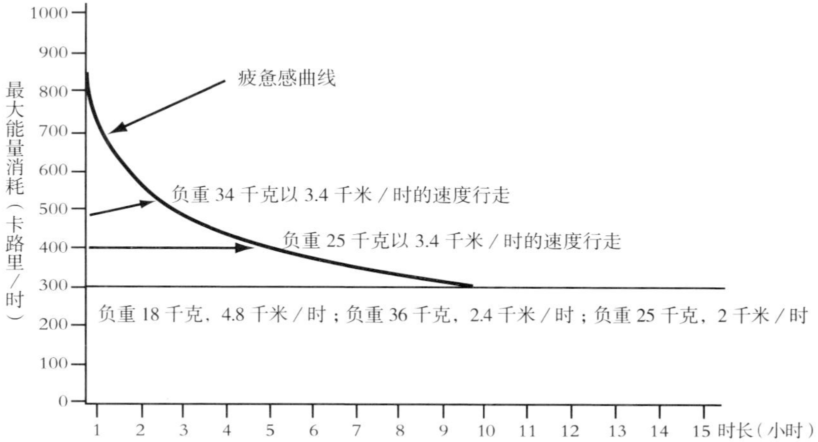

图 10–1　负重量和行走速度的疲惫感曲线

以每小时能量消耗超过 300 卡路里的速度行走，将会消耗巨大的体能，还未到达目的地就会精疲力竭。图 10–2 是不同地形及负重下的行军速度曲线，请注意，这里每小时的体能消耗均为 300 卡路里。

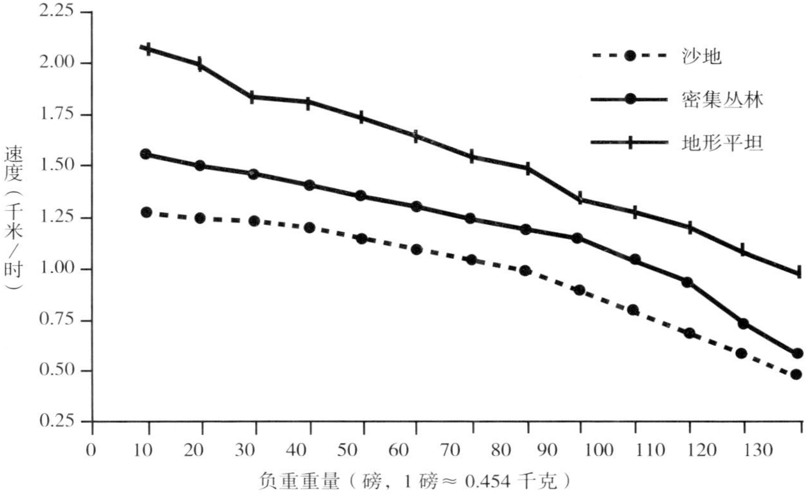

图 10–2　不同地形及负重下的行军速度曲线

10.1.4 体内水分情况

负重训练必须及时补水，保持体内的水分平衡。普通训练经常会发生脱水现象，**负重训练中脱水的可能性则更大，训练的风险较高**，尤其在忽略环境因素时更容易脱水。在此只做简单说明：负重训练时，每30分钟要补充2~3杯饮料。

负重训练比普通训练的水分消耗更大。

10.1.5 环境因素

① **干热/湿热环境**：在这种环境下进行负重训练，会给人体带来更大的受热压力。人体除了要抵抗来自太阳或其他外在因素的热能外，还要应对自身释放的热能。爱丽丝背包[①]和其他多功能背包会阻止体内热能释放，与其相比，尼龙网状的背心散热性更好一些。

② **低温环境**：在这种环境下训练，需要穿着较厚的防寒服，剧烈运动会导致身体出汗（尤其是背包部位更易出汗），从而增加体能消耗。训练结束时，如果内衣被汗浸透，极易发生脱水。

③ **高海拔环境**：海拔越高，气压越低，氧气含量越少，从而降低运动能力。

④ **沙地**：与坚实的运动场地相比，沙地训练的体能消耗最高会增加80%；场地越糟，体能消耗就越大。

① 爱丽丝背包：美军常用的一种多功能背包。——译者注

10.1.6 睡眠不足

睡眠不足会降低思维能力，思维能力主要包括注意力、逻辑推理能力、思维分析论证能力。相反，体能受睡眠的影响较小，3~4天睡眠不足并不会对体能有多大的影响。

10.1.7 防护衣物

负重训练时，一定要考虑防护衣的透气性与散热性。而在有核辐射、生化辐射的环境中，一定要穿高度防热、防辐射的防护衣。

使用作战人员防护（MOPP）用具，要采用专门的工作/休息时制和水分补充规定。穿着MOPP进行负重训练时，工作/休息时制可以适当下调，而水分补充规定应该上调。使用MOPP用具相当于增温10℃，所以容易引发高温病。

10.2 负重体能训练

高强度负重作战对体能的要求极高，大多数普通人的体能训练计划和海军特种兵体能训练计划并不能满足这种要求。本节主要阐述负重作战的体能要求，以及如何制订负重体能训练计划。

10.2.1 基本内容

在专项训练基本原则的基础上，负重体能训练包含力量、速度、耐力等基本体能训练，训练内容如下。

① 负重“行军”训练：专项训练、负重训练的一项基本原则。想要熟练掌握一个技能，必须进行反复训练。作战时能够负重长时间行军，平时就必须进行负重模拟行军训练。

② 抗阻力训练：负重需要较好的力量素质。力量重量能够提高负重能力和作战水平。

③ 有氧训练：对负重训练非常重要。长时间负重行军对体能素质要求较高，有氧代谢能力较强的士兵能够满足这种要求，而且行走速度也较快。

④ 无氧训练：高强度作战要求士兵有较高的无氧代谢能力和力量素质。不同的负重任务会运用不同的肌肉群，主要包括快速短程负重和慢速远程负重两类军事任务。

单纯的力量训练和跑步耐力训练不会提高负重能力；越野徒步行军训练是最好的负重训练方法。

10.2.2 负重训练指南

进行负重训练时，应遵守以下几条基本准则。

① 刚开始训练时，负重量应该为自身体重的20%，每周进行1次短程背部负重训练。

② 随着训练的深入，逐渐增加负重量，提高到体重的25%、30%、40%，根据作战需要，还可以更重。

③ 负重量达到40%时，开始增加行军距离。逐渐提高距离，提高至11千米、13千米、15千米、20千米，至少要提高到20千米。至少进行1个月的越野徒步负重行军训练。

10.2.3 如何保持负重体能

负重（负重量为自身体重的40%）行军16千米，至少需要进行如下训练：

① 每周2次上、下身力量训练；

② 每周至少有3~4天跑步训练，每次30分钟；

③ 最好每周都有负重训练，至少隔周进行负重训练。

10.3 如何达到最佳负重量

计算每个人的最佳负重量并非易事。最佳负重这个定义本身就“自相矛盾”，因为理想条件下无须负重。影响最佳负重的因素主要有行军速度、负重量、气候、强度、地形、服装等。每场战争都各有特点、各有要求。表10–1介绍了负重时保持体能、优化负重的准则。结合这些因素，进行正确的负重训练，才会使负重量达到最大。

表10–1 负重时保持体能、优化负重的准则

应该把重物放在身体重心附近； 应该平衡放置重物，保持体前和体后平衡； 前胸的重物不能阻碍正常活动； 调整背包，不能超重也不能压迫肌肉； 保持正常行走姿势； 重物背带要结实耐用，应该能够承受80%~90%的上身重量； 重物背带有较强的可调性

10.4 常见损伤与疾病

在体能训练中，很多重大损伤都和负重有关。大部分损伤都不严重，但是，任何一个损伤都可能降低灵敏性，最终影响队伍的行军速度。了解常见损伤，有利于治疗和避免这些问题。本书第十二章详细介绍了各类训练损伤，最常见的负重训练损伤包括以下几种：

① 脚泡（见附录C）；

② 背痛；

③ 应力性骨折；

④ 背包负重引发的肌肉神经麻痹；

⑤ 脱水；

⑥ 其他小损伤：如腿疼、脚痛。

◎结论

适当的有氧训练和无氧训练，再加上2个月的背部负重训练，可以提高负重重量，降低体能消耗，减少骨骼肌损伤。

11

特殊环境中的体能训练

极端环境中的体能训练有极强的挑战性，对体能素质有较高的要求。极端环境是指高温酷暑、低温严寒、高海拔等特殊环境。即便是很优秀的运动员，如果事先不做好充分准备，或者忽视疾病先兆，也会出现各种不适应的症状。出于各种原因，目前很多极端环境都无人居住，也很难接近。因此，训练者进入极端环境前，为保证安全、提高训练效果，必须制订好体能计划，做好准备工作。

环境适应性是对新环境适应的过程和能力，具体是指：人体持续或反复暴露在高温酷暑、低温严寒、高海拔或其他新环境时，体内发生的生理及生物化学变化，以适应环境的变化。所以，环境适应性是指人体适应新环境而逐渐发生的各种变化。本章主要介绍这些极端环境下的体能训练和封闭空间中的体能训练。

11.1 高温环境中的体能训练

在高温湿热的环境中进行体能训练，对人体有极大的挑战性。人体通过不同的代谢系统紧密地控制着体温变化。体温升高，人体散热压力较大时（例如，剧烈运动后、穿着防护服进行高温作业等情况），皮肤汗腺系统最先发挥作用，通过蒸发汗液来降低体温。相对湿度是影响汗液蒸发的重要因素，湿度较高时，汗液蒸发受到严重的抑制，速度较慢。

人体的皮肤如同汽车的散热器，体温升高时，血液循环加快，皮肤就会出汗，汗液吸收血液中的热量，随着蒸发将热量排出体外，身体体温下降。只有蒸发过的汗液才能有效地降低体温，而那些滴落、流失的汗液则没有降温功效。人体通过如下两个途径加快汗腺系统运作。

① 提高心率：心跳加快，促进血液循环，从而提高皮肤的泵血量，能够将体内更多的热量输送到汗液之中。

② 提高汗量：刺激汗腺生成更多汗液，促进汗液蒸发，从而降低体温。

多高的气温才算是高温呢？高温训练的风险等级通常根据湿球温度[①]（WB-GT）划分。湿球温度超过35℃时，也就是温度高于35℃，相对湿度大于或等于60%时，不宜进行体能训练；如果必须进行，请谨慎训练。

---

① 湿球温度指同等焓值空气状态下，空气中水蒸气达到饱和时的空气温度，在空气焓湿图上是由空气状态点沿等焓线下降至100%相对湿度线上，对应点的干球温度。——译者注

11.1.1 阻碍身体降温的因素

① 湿度热量：随着湿度的增加，空气中相对湿度较高，汗液蒸发的速度减慢。

② 皮肤功能紊乱：深度烧伤、太阳晒伤、疹子等皮肤问题会阻碍汗液蒸发。

③ 衣服：透气性较差的衣服会阻碍汗液蒸发。

11.1.2 高温适应性

人体通常经过1~3周就可以适应高温环境。对于身体健康者而言，75%的高温适应发生在第一周。此时进行体育锻炼比较困难，稍微运动，就会感到乏力。适应性包含两个方面。

① 心脑血管适应：心血管适应高温环境后，能够逐渐降低特定运动强度的心率。它是适应性中改变最快的一项。

② 汗腺代谢适应：发生也较早，汗腺代谢功能加强，持续时间也较长；汗腺代谢适应高温环境后，会减少出汗，从而减少水分挥发，积蓄体能。

1. 如何加快促进高温适应性

① 坚持有氧训练。

进入高温环境前，应该有较好的耐力素质，这一坚实的基础可以减少心脏血管适应性的压力。前适应阶段的耐力训练强度必须较强，能提高人体核心温度，为日后的高温适应打好基础，加快高温适应。有氧代谢能力较强的人撤离高温环境后，他们保持高温适应的能力较强，高温适应功能损失较慢。记住：有氧训练虽然可以加快高温适应，但并不能代替后者。

② 高温环境下的训练。

任何形式的体育运动都能加快高温适应，但是要比平时训练强度低。请向当地的运动医疗专业人员寻求指导。如果环境允许，可逐渐提高强度，直至达到训练标准。

③ 保持体内水分充足。

随着汗腺代谢功能的加强，人体会消耗大量的碳，从而需要更多水分。高温适应后的训练者，每天最多能出8~10升的汗液。不能用口渴来判断人体是否缺水。在高温环境下训练，每天要摄入9.5~11.5升水，但是每小时不得超过5杯，“少”量多频次摄入水分可以降低中暑风险，在高温环境中，中暑有时可能致命。

2. 如何保持高温适应能力

必须反复、持续暴露在高温环境下，才能达到高温适应性。但是，即使经常暴露在高温下，也不一定能保持高温适应能力。有很多因素会引发适应性减弱：

① 睡眠不足；

② 饮酒；

③ 脱水；

④ 盐分耗竭；

⑤ 终止训练。

目前尚未确定多久能彻底丧失高温适应性，但是通常来讲，2周的高温训练所达到的体能在停止训练3~4周后，基本减退殆尽。

11.1.3 高温损伤

高温损伤有很多种类和子种类，但是，总体可以分成三大类。

① 高温肌肉痉挛：是指在高温下进行高强度训练而引发的肌肉抽搐，伴有剧痛感。通常发生在那些还没适应高温的训练者身上，具体原因尚不清楚（有可能是电解质耗竭所致），但是，当训练者适应高温环境后，该损伤会逐渐消失。

② 高温体能耗竭：由脱水和电解质耗竭引发的重度损伤。患者感到头晕目眩、头重脚轻、疲惫不堪、恶心呕吐，有时会伴有头疼等症状。发现后，救护者应立即将患者抬到阴凉通风处，给其补充水分或静脉注射盐水。

③ 高温中暑：体温超过40℃时，酸痛的身体不能有效控制体温。高温中暑是非常危险的，如果不及时救治，会有生命危险。很多原因都能导致高温中暑，即便是水分充足的训练者，如果忽视表11-1罗列的高温中暑的先兆症状，也会发生中暑。

表11-1　高温中暑的先兆症状

需要警惕如下症状	
头重脚轻	头疼
意识不清	恶心呕吐
注意力不能集中	易怒好斗

及时进行医疗救治能够挽救生命。应掌握急救的基本要领，检查中暑者的脉搏、呼吸、心跳。立即将患者转移到阴凉通风处，除去衣物，用温水或凉水涂抹全身，扇风加快降温。如有冰块，可冷

敷脖颈、腋下、腹股沟等处。医疗人员应马上进行静脉注射和氧气输入，最好将中暑者转移到附近的医疗中心救治。

有很多药品和化学物品会导致高温适应能力降低，在高温环境下，应避免接触这些物质，提高高温作战能力。表11–2总结了高温环境应避免的药品和化学物质。

表11–2　高温环境应避免的药品和化学物质

咖啡因	酒精	解充血药
阿托品和其他抗胆碱药	抗组胺剂	

◎高温训练小结

① 做好充分准备，进行有氧训练，提高有氧代谢能力——在突发高温作战任务中非常有效，可以促进高温适应。

② 避免在每日最热的时候进行训练。

③ 去专业运动医疗中心咨询，获得一份最佳训练方案。

④ 前2周应适当降低训练强度。

⑤ 保持身体水分充足。

⑥ 注意避免任何可能导致脱水的疾病（痢疾、呕吐、发烧）。

⑦ 注意观察自己的身体，警惕各种高温疾病的先兆症状。一旦发现此类症状，应放慢训练速度或终止训练；隔离患者。

⑧ 避免接触可能导致脱水或其他高温疾病的药品和物质。

11.2 低温环境下的体能训练

严寒是最危险的训练环境，可能威胁到海豹突击队队员的生命安全。在没有任何保护措施下，人体低温的受损速度比高温的受损速度更快。在寒冷的气候中，人体代谢机制会自行保温，海豹突击队队员也可以通过锻炼提高严寒适应性。

① 提高代谢产热功能：人体细胞可以燃烧能量（碳水化合物、脂肪、蛋白质）产生热量。被动的肌肉收缩能将人体代谢能力提高5~6倍。

② 外周血管收缩：皮肤表面的血管收缩，可以阻止人体热量向外散发。

③ 行为适应：在严寒环境中，应添衣御寒或寻找避寒场所，也可以通过剧烈运动增加代谢，以产热保暖；剧烈运动散发的最多热量是休息代谢产生的热量的10倍。

温度多低才算是低温环境呢？和高温环境一样，温度并不是唯一的指标。温度和湿度是高温环境的两个判定标准；在低温环境中，冷风会降低人体的舒适感。温度较低且无风时，人体能散发热量，在身体周围形成一个小的“保温环境”，然而，习习吹来的冷风会吹散这些温暖的空气，从而增加人体的热量损耗。低温环境是指温度低于9.4℃、风速大于40千米/时的环境。人体暴露在这种环境之中，会有潜在的失温风险。

11.2.1 降低低温适应性的因素

① **摄入能量不足**：降低人体代谢产热能力。

② **受伤或身体状况不佳**：降低运动能力及运动产热能力。

③ **脱水**：加大心脏压力，加速人体疲劳。

④ **身体脂肪含量低**：皮下脂肪有保温功能，这是困扰海豹突击队队员的一个问题，因为他们的身体脂肪含量都较低。

⑤ **过度排汗**：应穿着透气性较好的内衣，避免排汗过多。潮湿的衣服一方面会降低御寒功能，另一方面还会降低体温，甚至导致冻僵。

⑥ **饮酒**：加速血液循环，导致人体散发更多的热量，加速体温下降。

11.2.2 低温适应性

与高温适应性不同，人体适应低温环境时并未发生明显的生理变化。有研究显示，每天将手暴露在低温环境中30分钟，可以增加末端血液循环，提高人体的御寒能力。但是，这种做法会增加人体的热能损耗。

11.2.3 低温损伤

在低温环境中进行训练时，易发生低温损伤，但是只要合理着衣，警惕各种损伤先兆症状，就可以避免这些损伤。

1. 体温过低

在海豹突击队中，体温过低是常见的体温损伤。经常有队员核心体温降到35℃以下，与其他低温损伤相比，轻度体温过低较容易治疗。核心体温降低的征兆包括以下几个方面，低温环境训练一定小心这些症状：

① 控制不住的瑟瑟发抖；

② 口齿不清；

③ 动作迟缓；

④ 思维缓慢；

⑤ 如果停止发抖，但其他症状犹存，那应该是重度体温过低。

一旦出现上述任何一种症状，请立即采取救治措施，否则会加重损伤，甚至危及生命安全。救治体温过低的伤患时，应小心谨慎，禁止伤患通过剧烈运动提高体温，这么做会引发心脏停搏。应该脱去伤患身上的潮湿衣物，将其放在干燥的毯子或睡袋中，可让两个身体干燥、体温正常的队友为其回暖。**禁止将伤患浸入或半浸入热水/温水之中，否则易引发心脏停搏。**可让轻度体温过低的伤患自己逐渐恢复体温，但是这种治疗方法不适合重度伤患。

逐渐回暖是恢复正常体温最安全的方法。

2. 冻疮

冻疮多发部位为手足，但是，身体其他部位如防护不当，也会长冻疮。冻疮经常伴随着三个过程：最初是感到寒冷，接着是麻木，最后体温恢复后，有明显的疼痛感。冻疮部位的皮肤看似正常或发白。发现冻疮后，不要立即温暖受冻部位；应确定不会再度冻伤时，再实行救助措施。如果是脚部冻伤，伤员又必须自己步行至医疗地点时，到达之前不要暖脚。暖脚过程中会伴随着剧痛感，而且还容易加重病情。任何类型的冻伤都要接受专业治疗。

下面几种方法可以有效预防冻伤：

① 注意防寒保暖，保持手足干燥；

② 不要赤手或用裸露的皮肤接触铁器，手上缠带保暖用品可以降低冻伤风险；

③ 在风速较高的环境中应佩戴防风镜；

④ 队友之间相互检查暴露在外的身体部位。

3. 足浸病

足浸病又称"战壕脚"。虽然没有发生冻结，但是双脚长期放在又湿又冷（0~10℃）的靴子里，会导致肌肉组织和神经坏死。保持脚部干燥、避免穿过紧的靴子可以预防此病。

11.2.4 营养需求

在低温环境中，一定要注意膳食营养。在低温环境下运动时，人体的能量消耗要提高好几倍，为保持体温，体内的热量大量消耗，体内的糖原储存量急剧降低。碳水化合物是很好的能量来源，能够补充糖原储备。

◎低温环境体能训练小结

① 根据气候条件，合理着衣；

② 训练前，充分进行热身准备活动；

③ 避免过度排汗；

④ 耐力训练时，及时补充能量（碳水化合物）；

⑤ 保持身体水分充足；

⑥ 避免接触易致脱水的药品和物质，如咖啡因、酒精；

⑦ 治疗体温过低的伤患时，注意采用逐渐回暖的方法。

11.3 高海拔环境中的体能训练

突然进入高海拔地区后，运动员的竞技水平会急剧下降。导致这一现象的原因有很多，但主要原因是缺氧——海拔升高后，空气中的含氧量下降。长期生活在高海拔地区，人体会发生很多适应性变化；大部分变化发生在最初的2~3周。影响运动能力的主要适应性变化包括：

① 血液携氧能力提高；

② 肌肉供血量提高；

③ 肌肉携氧能力提高；

④ 呼吸频率提高。

高海拔地区的氧气含量少，运动员的最大有氧代谢能力也随之下降。海拔高于1500米时，海拔每升高100米，运动员的最大有氧代谢能力随之降低1%~2%。因此，在海拔为3000米的环境中，精英耐力运动员的最大有氧代谢能力仅是海平线地区的65% ~85%。然而，无氧活动运动员的表现却无太大差异。例如，短跑运动员或举重运动员在低海拔地区能维持2~3分钟的极限运动，在高海拔地区的表现也差不多，这是因为他们在进行无氧运动时，肌肉组织不需要以最大限度为肌肉持续供氧。

11.3.1 高原反应（AMS）

高原反应是人到达一定海拔高度后，身体为适应因海拔高度而造成的气压差、氧量少、气候干燥等变化，而产生的自然生理反应。常见症状包括：头痛、恶心呕吐、乏力、食欲不振等。几天后，这些症状就会缓解、消失。出现高原反应的训练者可以去海拔较低的地区待几天，以减轻不适感。危及生命的高原反应包括两种：高原肺水肿（HAPE）和高原脑水肿（HACE）。发生这两种疾病时，必须立即送至低海拔地区。进入高原前24~48小时口服醋氮酰胺，可减轻高原反应。该药为处方药，需在医生的指导下购买服用，一日2次，一次125毫克，总共服用2天。

在高海拔环境中训练时，一旦发现如下症状，应立即就医：

① 咳嗽，呼吸短期加剧；

② 咳出血丝痰或泡沫痰；

③ 头疼加剧；

④ 意识不清、思考困难；

⑤ 视力模糊；

⑥ 超过8小时排尿不足；

⑦ 持续呼吸困难。

11.3.2 影响高海拔适应性的其他因素

1. 气温降低

通常来讲，海拔每垂直上升1000米，气温会下降6.5℃，在缺氧和低温的综合影响下，可能导致人体进行有氧运动变得极为困难。

2. 空气干燥

海拔上升，空气的相对湿度降低。高海拔地区的空气通气率高，可导致呼吸道水分流失，而低温则会增加排尿次数，二者共同导致人体的水分流失过大，从而引发快速脱水。训练者要不断补水，不能等口渴时再喝水。

3. 体重降低

大多数人到达海拔4000米的地区后（或更高海拔的地区），在最初2周里体重下降3%~5%，其中包括肌肉体积下降和个别肌肉纤维缩短。导致体重下降的原因包括以下几个方面：

① 体能消耗增加；

② 缺氧直接导致食欲下降，味觉下降；

③ 人体水分损失；

④ 高原反应。

11.3.3 高海拔适应性

长期在高海拔地区活动，人体会发生一系列生理变化以适应新环境，从而提高极限下的运动能力。海拔超过3000米时，人体的最大有氧能力下降。但是，这种现象出现在2周后，所以，优秀的耐力运动员最初会感到细微变化，随着时间的推移，运动员会明显感到自己的竞技水平下降。

11.4 密闭空间的体能训练

军事部署或扩展训练通常会影响体能训练的日常进度。完全停止训练会导致队员力量和耐力等素质的急剧下降；尤其是在潜水艇和突击登陆艇上，更容易发生这些问题。在这种情况下，队员面对的主要问题不是没时间训练，而是如何克服缺乏健身器材这种困难，并制订一个平衡的体能训练计划。在此向读者介绍一下密闭空间常用的体能训练项目：

① 健身操；

② 引体向上、双杠臂屈伸；

③ 握球握力训练；

④ 轻型阻力健身器（如模拟游泳机）；

⑤ 轻型阻力健身器——弹力抗组训练带，用来保持主要肌群的力量素质；

⑥ 跳绳；

⑦ 台阶训练（虽然有些枯燥，但不需使用健身器，故不失为有氧训练的有效方式）；

⑧ 健身球增强式训练；

⑨ 自由力量训练；

⑩ 原地跑。

如果空间较大，可加入下面这些健身器材训练，以提升力量素质：

① 登山机；

② 健身车；
③ 划船机；
④ 走步机；
⑤ 跑步机；
⑥ 滑雪机；
⑦ 上臂力量训练器。

潜水艇至少应配有健身车、划船机和自由力量训练器。

健身车和划船机上设有电子检测仪，有显示时间、距离等功能，能够检测运动过程中的各项体能指标变化。但是，在潜水艇等密闭空间时，队员应进行体能比赛，建立每个队员的体能训练日志，这样不仅有助于总结训练效果，而且还能增加彼此的斗志、促进训练、保持体能。

11.5 停止训练与体能减退

训练者不能保持体能训练，或由于其他原因必须中止体能训练后，会迅速出现**体能减退现象**。很多调查报告研究了停止训练对心肺功能的影响，结果显示：在停训2周内，运动能力会明显下降；停训3周后，最大摄氧量降低25%，也就是说，体能每天下降约1%。此外，Ⅱ类骨骼肌纤维比重下降、体积变小；与之相反，肌肉最大力量在此阶段似乎有所增强。**最大有氧能力下降仅仅是完成某个动作比之前要吃力**，并不是不能做某个动作。请记住：

体能训练的功能是短暂的、可逆的。

虽然通过训练可以保持最大有氧能力，但是，还有其他因素会导致有氧能力下降，最终降低运动能力。这些因素主要包括以下几个方面：

① 年龄增加；

② 高海拔；

③ 脱水；

④ 去脂体重下降。

12

体能训练与运动损伤

海豹突击队队员和运动员面临的一大风险就是运动损伤。在水中爆破训练中，有三分之一的队员由于训练损伤而暂停训练，损伤严重者则退出训练。不管是意外损伤，还是过度训练导致的骨骼肌损伤，都意味着暂停训练、被迫休息，这不仅缩短了正常的训练时间，而且还要花上几天甚至是几周的时间复原，严重损伤后还会留下疤痕。为此，本章将就体能训练和运动损伤展开讨论，主要就以下几个方面进行讲解：

① 训练损伤救治方法；

② 重返训练前的恢复性训练；

③ 训练损伤种类；

④ 常见军事体能训练损伤；

⑤ 何时寻求救治。

本章的目的不是教你如何治疗损伤，而是让你明白训练损伤的基本类型、预防措施以及确定何时应寻求救治。训练者受伤后，应立即采取科学的恢复性训练，加快恢复过程。恢复性训练能够避免发炎、加快伤口愈合，并为早日重返日常训练做好准备。

12.1 训练损伤救治方法

意外的外伤或骨骼肌组织损伤会引起发炎，包括发红、肿胀、疼痛等症状。如果不及时救治，炎症会迅速引发以下结果：

① 组织充血；

② 僵硬；

③ 乏力；

④ 运动幅度下降；

⑤ 正常功能丧失。

成功的运动医疗救治通常包括两个过程：消炎（发红、肿胀、疼痛）和提高关节运动幅度。通常采取RICE（休息—冷敷—压迫—抬高患肢）和ISE（冷敷—伸展—运动）两种方法进行治疗。

用RICE疗法消炎后，可以通过ISE疗法提高受损关节的运动幅度，即持续的冷敷疗法，受损韧带、肌肉伸展疗法和负重训练。

12.1.1 消炎

RICE疗法可以治疗所有的扭伤、劳损。通常情况下，如果训练者的四肢不能承重，就表明应该“休息”，并尽快拍X光片，检查是否骨折。

① 休息是指减少四肢承重，或者使用拐杖，避免患肢承重。相对休息是指减少运动量，以降低疼痛感，或者进行其他有类似作用的无痛训练。

② 冷敷是指用冰块消肿。消肿前应该持续冷敷。

③ 压迫是指用弹性绷带包扎患处2~4小时。在这个阶段，没有医嘱则不得入睡。

④ 抬高患肢是指将伤患部位抬到心脏以上的位置，目的是减少患部血液流动，减轻回流阻力，缓解患部肿胀。

12.1.2 如何正确冰敷

冰块在治疗体能训练损伤和运动损伤中有重要作用，主要有以下几点功效：

① 消炎、消肿；

② 减轻肌肉痉挛和肌肉疼痛；

③ 降低关节疼痛范围；

④ 伤口处理后，促进伤患部位血液循环。

伤员不应等到医生下达医嘱后再使用冰块。

除了开放性伤口，所有关节、软组织损伤后，都应立即使用冰块冷敷（表12-1）。使用冰块时，具体分为被动冷敷和主动冷敷两种。被动冷敷是指使用任何一种冰块——碎冰、冰凌、冰袋或雪，冷敷伤患部位；主动冷敷是指使用冰块（冰袋或冰杯）按摩伤患部位。在家最好采用被动冷敷，因为冰块的消肿性很好。大概20分钟后，冰袋融化，可以再次放到冰箱里以备后用。冰敷后，伤患部位会接连发生变冷、灼热感、疼痛、麻木四种反应，整个过程大概持续7~10分钟。

使用主动冷敷或被动冷敷都可以。但应避免冰块直接接触皮肤。

表12-1 冰块使用建议

（被动冷敷法和主动冷敷法）

① 受伤后，尽快使用冰块冷敷伤患部位 20 分钟。
② 受伤第一天：每隔 1 小时冷敷 1 次，之后每日冷敷 3 次。
③ 彻底消肿后再停止冷敷，通常需要 2~3 天

请注意：为保护皮肤、防止神经受损，冷敷时间请勿超过20分钟，尤其是肘、腰、膝关节。

12.1.3 关节运动幅度

关节运动幅度是指关节的运动范围。体能训练的目标是达到关节运动的最大幅度，但是，运动损伤有时会降低关节运动幅度。冰块冷敷20分钟期间，应该以无疼痛感为标准活动关节。几天后，尝试进行抗阻力训练，一边对关节施压，一边最大限度活动关节。如图12-1所示，可以使用毛巾进行阻力训练，提高踝关节的运动幅度。不过，训练可能会导致再次浮肿。

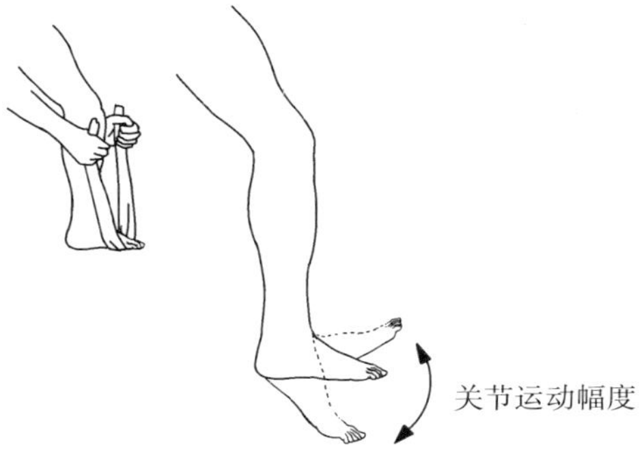

图12-1 借用毛巾阻力提高受损踝关节的运动幅度

12.2 重返正常训练前的恢复训练

止痛消肿后，关节也基本恢复了正常的运动幅度，此时，应向军医或运动医疗专家请教相应的恢复性训练方案，以加快体能恢复，争取尽早开始正常训练。恢复性训练方案应该针对受损部位，依据损伤类型，确定相应的训练项目，这些项目通常分为以下几类：

① 柔韧素质训练；

② 力量素质训练；

③ 耐力素质训练；

④ 爆发力训练；

⑤ 速度素质训练；

⑥ 特殊任务专项训练。

训练过程要注意循序渐进，每项训练需认真完成。下面对这些项目的重要作用做进一步介绍。

① 力量素质训练和柔韧素质训练密切相关。如果关节的柔韧性没有得到恢复，那么做某些动作就会受到限制，也会影响相应肌肉（群）的力量恢复，从而延缓恢复过程；有时甚至会加重损伤。

② 受伤后，肌肉的耐力素质会急速下降，容易感到疲劳；在恢复性训练中，一定要注意耐力素质训练。例如，受伤的脚踝很容易再度损伤，虽然感觉已经恢复，但关节周围的肌腱在运动中极易疲劳，从而导致再次受伤。恢复性训练中，在维持正常心肺功能、全身耐力素质的前提下，注意针对每个主

要肌肉（群）进行专项耐力素质训练。

③ 损伤后，肌肉功能下降，做强爆发力的动作时，容易再度损伤，所以，要重视爆发力恢复性训练。爆发力恢复性训练包括抗阻力速度训练，可以使用橡皮管、健身球及相关力量训练器械。

④ 在恢复性训练中，进行速度素质训练可以提高受损部位的无氧运动能力，还可以提高动作的协调性。在下肢损伤的恢复过程中，伤员可以在疼痛阈以下进行速度训练，每周进行几次间歇训练（如几组90秒完成400米短跑训练），可以有效恢复速度素质。

坚持使用冷敷疗法，并辅助电磁、超声波等疗法进行治疗，可以加快伤口愈合，加速体能恢复，早日开始正常训练。

12.2.1 军事体能专项恢复性训练

海豹突击队队员最终要重新开始**特种作战军事体能专项训练，满足日后作战需要**。在这之前，绝不能忽视军事体能专项恢复性训练。但是，进行这类专项训练有再度损伤的风险，所以要科学定量、循序渐进，确定体能完全恢复到伤前水平后，再重新开始日常训练。轻、中度损伤通常需要进行4~7天的恢复性训练，而重度损伤则需要1~2周的恢复性训练。

12.2.2 恢复性训练原则

进行恢复性训练时，必须遵循相关准则。

① 进行柔韧素质训练时，若有疼痛感，请减小运动幅度。

② 进行力量素质和爆发力训练时，若有疼痛感，请降低重复次数/降低力度。

③ 进行耐力素质和速度素质训练时，若有疼痛感，请调整运动距离/持续时间。

④ 进行军事体能专项训练时，若有疼痛感，请放慢节奏或调整目标完成时间。

总之，受伤后要利用RICE和ISE疗法进行初步治疗，它们能够有效地止痛、恢复关节运动幅度；然后进行各类恢复性训练，包括柔韧素质、力量素质、耐力素质、爆发力和速度素质等训练。有必要时，及时使用冰块冷敷。

12.3 训练损伤种类

海豹突击队队员在体能训练及其他体能训练中会发生各种训练损伤。本节前半部分介绍了几种常见的中、轻度损伤，后半部分进一步介绍重度损伤。受重伤后，正常活动会受到限制。

12.3.1 训练后肌肉酸痛

训练后，经常出现延迟性肌肉酸痛，这是由轻度损伤所致。这种肌肉酸痛往往在训练12~48小时后开始，在热身准备活动及放松整理活动后，出现肌肉僵硬和肌肉酸痛症状，7~12天后酸痛消失。

缓解肌肉酸痛的流程见表12–2。

表12–2 缓解肌肉酸痛的流程

冰敷
↓
伸展运动
↓
充足的热身准备活动
↓
体能训练
↓
伸展运动
↓
冰敷

12.3.2 挫伤

人体某部位遭受钝性暴力作用而引起该处及其深部组织——肌腹、肌腱或骨头突起部位的闭合性损伤，称为挫伤。轻者有疼痛、压痛、胀痛、功能障碍等症状，重者因皮下组织充血而形成血斑、血肿，出现功能障碍及较明显疼痛症状。

挫伤后，应尽快使用被动冰敷法治疗。肿胀症状得到控制后，**采用交叉摩擦的按摩法**进行主动冰敷，该方法能有效消肿、减轻充血。

图12–2 交叉摩擦按摩法

交叉摩擦的按摩操作简单，如图12–2所示，用拇指（或食指）和中指垂直按住受伤肌腱或肌肉组织，每次摩擦按摩10分钟，每日4次。

12.3.3 扭伤和拉伤

韧带连接骨与骨，是明显的纤维组织。扭伤通常发生在关节韧带处，它是在外力作用下（如跌倒、意外事故、过度训练），关节发生超常范围的使用而造成的关节内外侧的闭合性损伤。经常发生在背部关节、膝关节和踝关节等处。扭伤可以分为轻、中、重度三个等级。轻度扭伤是由过度伸展和韧带纤维的轻度撕裂所致；中度扭伤包括部分纤维撕裂，有时伴有关节松动；重度扭伤是指大部分肌腱纤维断裂或肌腱完全断裂，导致关节松动，关节内有卡住的感觉。

扭伤是指韧带损伤。

肌腱是一束连接肌肉和骨骼、传导肌肉产生的压力的纤维组织。肌肉或肌腱损伤称为拉伤或肌腱炎。肌腱炎主要包括跟腱炎、肩部肌腱炎、膝关节屈肌肌腱炎和四头肌肌腱炎四大类。

拉伤/肌腱炎是指肌肉或肌腱损伤。

中轻度的下肢扭伤和拉伤只要及时治疗，就不会留下后遗症。初步治疗包括冰敷和使用非甾体类消炎药，以及少量承重训练，必要时使用拐杖进行关节康复性训练，保持关节运动幅度。

12.3.4 肌肉痉挛

肌肉痉挛多发于持续时间较长的体能训练、高温湿热环境下的体能训练之中，另外，脱水和体能不佳时也易发生。肌肉痉挛又称抽筋，是指肌腹及其他相邻肌肉组织突然失去正常控制功能，从而不自主地强制收缩，造成肌肉僵硬、疼痛难忍。肌肉痉挛后，应立即饮用富含电解质的运动饮料，补充完水分和电解质后，进行反方向的牵拉运动，拉伸痉挛的肌腹和其他相邻肌肉组织，直至停止痉挛。注意，牵拉时用力要均匀，禁止用力过大，以免造成肌肉拉伤。例如，小腿肌肉痉挛时，可以伸直膝盖，勾起脚尖，双手握住脚，用力向头部（上）伸展；大腿肌肉痉挛时，伸直膝盖，双手握住脚，向臀部（后）伸展（见图12–3）。除此之外，还要注意充分休息，以免痉挛再次发作。

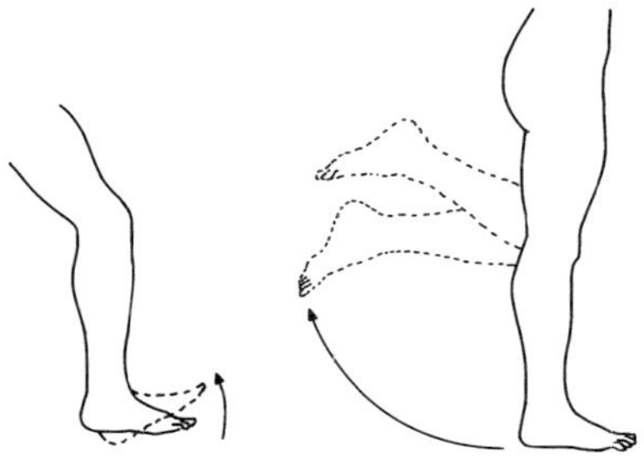

图12–3　治疗疼痛性小腿、大腿肌肉痉挛

12.3.5 骨折

真正的骨折是指骨或骨小梁的连续性或完整性遭到破坏，包括骨裂或骨断。除了极少数的特例外，下肢骨折都要接受医师的专业治疗；在骨折部位加放夹板，进行一段时间的固定治疗。

应力性骨折与真正的骨折不同，多发于下肢的负重骨中，多发部位有盆骨、股骨、胫骨、腓骨和足骨等。由低于骨骼所能承受的极限应力长期反复作用于某一正常骨骼，使其骨小梁不断发生断裂、重塑，通过积累效应而出现的骨膜下骨折，是一种慢性骨损伤，多发于强度较大的运动中，如跑步、远足、行军、持续时间较长的训练。当骨骼不能自身修复这种断裂时，就会发生应力性骨折。进行下肢负重性训练（如跑步）等运动时，受损的骨骼较脆弱，不能承受身体重力，于是在受损骨骼附近出现乏力、疼痛的症状。应力性骨折的最初症状并不明显，疼痛部位也不固定，所以常被忽视。但是，随着病情的加重，疼痛部位逐渐确定下来，通常在休息时或夜间疼痛。如果不及时治疗，应力性骨折会导致相应部位发生骨折。体能训练中，增加应力性骨折风险的因素有以下几个方面：

① 运动场地变换（从草地到沥青场地，从泥土场地到混凝土场地）；

② 更换运动鞋（靴子、新跑鞋）；

③ 运动强度增大（过量、过快、过频）。

任何疑似应力性骨折的伤员都应去专业医疗机构确诊。应力性骨折的治疗方法包括：

① 减少或避免患处的承重活动；

② 借助拐杖训练行走，疼痛感完全消失后再扔掉拐杖。

治疗过程需要2~4周。治疗应力性骨折时，通常不需要使用夹板进行固定治疗。腰、膝、踝等关节在陆地上运动时需负荷自身体重，而此负荷对运动中的受伤部位来说是有害的，会加重损伤。在水中的情况则不同，由于水的浮力支撑起了自身体重，因此，既可以达到康复治疗的目的，又不至于加重损伤。因此，这个时期可进行游泳或其他水中康复训练（深水跑步训练），来保持柔韧性和有氧耐力。症状缓解后，应尽快在可承受范围内进行下肢力量训练。

真正的骨折需要对患处进行固定治疗，根据受伤部位确定具体治疗方案。拿掉夹板后，应进行下肢恢复性训练。

下肢可承受的应力提高后，可以进行跑步恢复性训练，最好先在跑步机上训练，这样有利于伤员根据自身需要来调节跑步速度、距离和时间；一定要循序渐进，强度应该控制在可承受范围内。表12–3介绍了一种跑步恢复性训练方案。

表12–3 跑步恢复性训练方案

在平坦的柔软场地训练——跑步机；
慢速跑5分钟；
隔天加跑2分钟；
跑15分钟无疼痛感后，可以提高速度；
8组间歇跑：以90米开始，逐渐加快速度；
逐渐加大距离；
恢复正常跑步训练

12.4 常见军事体能训练损伤

基于海豹突击队的基本作战属性，发生军事体能训练损伤可谓是家常便饭。根据不同的训练项目和训练场地，可以将军事体能训练骨骼肌损伤分成不同的种类（见表12–4）。除此之外，在游泳和跑步等专项训练中，也会有不同类型的损伤。

表12–4 骨骼肌损伤种类

训练场地 / 项目	损伤种类
钢甲板	膝盖痛（髌股关节综合征）
	胫骨痛
	下背部痛
快艇	积液性膝盖扭伤
	背痛
	四头肌拉伤
	膝盖下方肌腱炎（髌骨）
密闭空间（潜水艇）	头疼（头晕）
	胫部挫伤
跳伞训练	骨折
	髌骨肌腱炎
	下背部扭伤/拉伤
	肌肉拉伤
运兵船	胫骨疼痛
攀岩训练	绳子勒伤
	肘腱炎
	手指擦伤
	二头肌肌腱炎
	背痛
	肩部扭伤
快速跳绳	脚跟深度擦伤

12.4.1 游泳训练损伤

从肌肉张力方面而言，游泳是一项不用负荷自身体重的体育活动。进行游泳训练时，大部分的损伤来自过度疲劳和训练过度，而不是来自外伤。因此，一旦发生损伤，则很难治愈。

老兵尽管经验丰富，但是，在游泳训练过程中却经受着更大的风险，这主要是因为他们的肌腱和关节囊的弹性降低，很难保持原有的柔韧性；而且，也需要更多的热身准备活动才能提高肌肉温度，因此，他们更容易疲劳过度，发生严重的训练损伤。

常见的游泳训练损伤包括扭伤，肩部、膝部、背部拉伤和过度疲劳。

① 进行**自由泳、蝶泳、仰泳训练**时，肩关节承受着巨大的应力。因此，自由泳时，注意变换姿势，采用双侧呼吸；仰泳时，确保身体有足够的助推力；蝶泳之前，做足热身准备活动。这样，在游泳训练中，才能保持肩部平衡，避免形成夹击症候群（背包麻痛症）。

② 使用**浮板进行自由泳训练**时，由于过度伸展，背部承受着过大的应力，变换泳姿——换成仰泳可以减轻应力。也可以使用浮板，为身体增加浮力，以保持脊柱平衡。

③ **穿脚蹼训练踢水**时，膝盖承受的应力加大，容易导致髌股关节综合征，这是一种困扰很多游泳训练者的疾病。

④ **蛙泳踢水**，该动作通过增加大腿内侧肌张力来保持膝关节平衡，然后再增加大腿外侧肌张力推动身体前进，该用力过程类似于跑步。但是，这个工作可能会加重髂胫束综合征（髂胫束痛）。如果感觉膝盖外侧有疼痛感，请停止该动作。

12.4.2 跑步和越野远足训练损伤

跑步和越野远足训练能锻炼大量的肌肉群，能在短期内提高心肺功能。越野远足训练时，脊柱承受了3倍于自重的应力；而跑步训练时，脊柱最高承受5倍于自重的应力；可以通过正确、科学的训练技巧、减震式运动鞋和交叉训练减轻应力。

表12–5介绍了常见的跑步损伤及症状。

表12–5　常见的跑步损伤及症状

损伤名称	具体症状
足底筋膜炎	足底带状纤维变硬发炎、走路疼痛
跟腱炎	小腿肌腱、跟腱发炎
髂胫束痛	膝部外面、侧面或者臀部外上部的疼痛
滑囊炎	法氏囊胚囊发炎、膝关节内侧发炎或后脚跟发炎
胫骨疼痛	胫骨下1/3处疼痛，早晨起床后加重， 热身、放松整理后疼痛消退
背部扭伤/拉伤	脊柱负重引起的扭伤、拉伤

12.4.3 膝部扭伤

这里只对相关的膝部扭伤做简单介绍，除此之外，还有很多其他类型的膝部损伤。膝关节内外侧副韧带扭伤需要在关节活动范围内捆绑固定支具，保护受损韧带。

使用膝部伸展固定用具固定膝关节时，一定要小心谨慎。固定

3天之内，会出现大腿肌肉功能下降、萎缩（肌肉不运动，导致功能下降）的现象。然而，这种固定用具只用于髌骨（膝盖帽）骨折、髌骨脱位，使用后应尽早进行力量康复性训练，避免肌肉萎缩。

12.4.4 踝关节扭伤

最理想的治疗方式是采用充气式夹板（Aircast）或类似的夹板固定患足。为了保护韧带，可采用冰敷、交叉摩擦按摩、拄拐承重训练、早期关节恢复性训练等疗法。

12.5 过度训练综合征

在海豹突击队军事体能训练中，过度训练综合征（Overtraining Syndrome）是最常见的问题。顾名思义，过度训练是由于过量的体能运动所致。

与运动员的体能训练不同，海豹突击队军事体能训练全年无休。职业运动员的体能训练设有休息阶段，运动员可利用这个机会调整身体，修复受损肌肉及组织，有时还会采用物理疗法治愈伤患部，使力量素质和柔韧素质达到最佳状态，再全身心地投入训练。但是，海豹突击队队员必须全年进行高峰训练，因此容易积劳成疾，导致过度训练和过度疲劳，由此引发很多训练损伤。

过度训练综合征的症状（见表12-6）因人而异，主要包括生理症状和心理症状两大方面。过度训练多发于游泳、长跑等耐力训练当中。

现在的实验室及生化研究并未发现过度训练的最佳标志性症状。

但是，静止心率和心情评估可作为其判断指标。连续几天测定起床前的静止心率，可以有效地判断队员的体能状态——较好还是疲惫。过度训练的队员每分钟静止心率通常比正常标准高10~15次。经过一两天的休息，静止心率可降至正常水平。如果不采取措施，仍继续训练，症状会进一步加重。

表12-6　过度训练综合征的症状

运动能力下降、肌肉力量下降	判断力下降
反应变慢	注意力不集中
持续乏力	易怒
斗志下降	肌肉酸痛
情绪不稳定	容易分心
心情沮丧	难以入睡
训练/休息时的静止心率差别	免疫力下降（易冷、易患病）

心情突然变差、情绪不稳定也是过度训练的一个重要表现。海豹突击队队员的情绪调查资料并不多，只能通过一些调查问卷进行情绪调查。如果过度训练的队员如实回答问题，那么他的调查问卷将显示出沮丧、气愤、抑郁、容易被无关紧要的事激怒等情绪。

交叉训练、休息性训练、静止心率测量、情绪评估、延长高难度任务时间，可以有效降低过度训练的风险。

过度训练（Overtraining）和训练过度（Overwork）是不同的概念。训练过度是指由于提高难度、加大强度而引起的暂时性运动能力下降。训练过度通常发生在难度大、强度大的训练中，队员的心理素质和体能素质会出现暂时下降。但是，随着训练的继续，他们会迅速恢复体能。与过度训练不同，训练过度的队员适应加大强度的训练后，体能素质会迅速提升。

12.6 何时寻求救治

表12–7总结了各种军事体能训练损伤名称、主要症状、预防措施及治疗方法。训练者可以根据该表，检查自己的伤情，决定自己是否有必要去医院治疗。

当然，有很多损伤一经出现，需要立刻去医院诊断。

需要立即诊断的损伤：

① 背痛引发的大腿、小腿痛；

② 剧痛；

③ 麻木；

④ 关节松动、脱位；

⑤ 疑似骨折；

⑥ 不能行走的下肢损伤；

⑦ 有功能障碍的疼痛，痛感持续3~5天仍未消失；

⑧ 引起跛行的臀部疼痛。

表12–7 体能训练损伤名称、主要症状、预防措施及治疗方法

损伤名称	主要症状	预防措施	治疗方法
足底筋膜炎	脚跟前部疼痛； 清晨起床后走路足底僵硬	跑步、远足结束后伸展足部肌肉； 按摩足底； 穿适合的鞋子； 鞋跟0.6厘米高； 穿足弓支撑性好的鞋子	利用斜板拉伸脚部肌肉，用运动带裹住足部； 按摩、冰敷患处； 加垫0.6厘米厚的鞋垫
跖骨应力性骨折	脚部长骨痛，尤其是第二、第三根； 承重时痛感加剧； 夜晚痛	避免训练量过大、过频，强度过大； 换新训练场地时小心训练（草地到沥青场地）； 换鞋时（换新鞋）小心训练	减少运动量； 拄拐，避免完全承重； 去医院确诊
胫骨疼痛	胫骨内下部疼痛； 跑步、远足第一步痛感加强； 多发于跑步、远足训练后	穿质量好的鞋子/靴子； 训练前后做拉伸运动； 穿足弓服贴较好的鞋子，双脚运动时成伸展状态	运动前、后冰敷患处； 脚踝、小腿、足弓拉伸运动； 去医院确诊

续表

损伤名称	主要症状	预防措施	治疗方法
髌骨关节综合征	膝盖或周围疼痛； 上下山、久坐后痛感加剧	（四头肌）伸展运动； 腿屈肌、髂胫束柔韧性训练； 检查脚部有无生物动力缺陷，是否内旋过度	冰敷、关节恢复性训练； 制订拉伸训练计划； 加入足底矫正垫
髂胫束痛	膝部外面、侧面或者臀部外上部疼痛； 跑出几步后痛感加剧	髂胫束伸展运动； 更换收缩跑鞋； 穿宽跟跑鞋； 检查双腿是否同长	冰敷患处； 髂胫束拉伸运动； 伸展腿屈肌和四头肌； 双腿不同长者，加垫使双腿同长
肌肉痉挛	肌腹突然疼痛，导致肌肉僵硬、不能运动	及时补水，保持体能水分平衡； 有痉挛趋势时立即拉伸肌肉	双手紧压肌腹； 反向拉伸牵引痉挛部位
跟腱炎	脚后跟痛； 跑步、攀爬时痛感加剧	在斜板上拉伸脚跟； 预备止疼药； 跑步后拉伸	冰敷15~20分钟，条件允许，最好每小时冰敷1次； 交叉摩擦按摩； 斜板拉伸足底

续表

损伤名称	主要症状	预防措施	治疗方法
脚泡	红肿、有痛感病灶； 摩擦致皮下有透明液体	加垫； 训练时避免强力摩擦皮肤； 保持袜子干燥； 容易起泡部位加垫厚布	用绷带或干净的厚布包扎患处； 消毒患处
中度上髁炎	肘关节骨内痛； 手腕伸直后，痛感加剧	注意避免用力过度：引体向上时双手之间距离过短，或者伸直手臂时，阻力过大； 注意进行日常腕部力量训练	冰敷； 腕部伸展、柔韧性训练； 交叉摩擦按摩； 避免用力过大
脚踝扭伤	扭伤后，疼痛、肿胀； 功能丧失	脚踝拉伸、柔韧性训练； 脚踝保护器	如果不能承重，立即去医院检查； 每小时冰敷20分钟； 用力包扎脚趾至腿下部； 抬高患肢，抬离地面45厘米； 拄拐进行部分承重训练； 痛感持续3天仍未消失，去医院治疗

续表

损伤名称	主要症状	预防措施	治疗方法
背包麻痛症	上肢、肩部无力、疼痛、麻木	平衡分配负重物；调整背带、垫带	2~3周内避免进行强负重训练
中暑	口干舌燥、皮肤发红； 体温过高、乏力、行动不协调、意识不清	保持体内的水分平衡； 密切关注天气变化，采取预防措施	有生命危险的应去急诊救治； 立即饮用运动功能饮料； 条件允许，向身体喷洒冷水； 在脖颈、腋下、腹股、太阳穴处加放冰袋； 将患者转移到医院
热衰竭	皮肤表面凉爽、潮湿； 恶心、无力、乏力； 注意力不集中	不管天气怎样，训练时保持体内水分平衡	除去患者的衣物，喷洒冷水为其降温，使用冰敷，然后转移到医院救治

13

体能训练的其他相关问题

本章介绍与海豹突击队军事体能训练相关的两个其他重要问题：冬季作战训练问题、老兵的慢性损伤问题。

13.1 冬季作战训练

冬季作战训练对海豹突击队队员有着特殊的体能要求。在体能训练和军事部署的过程中，冬季作战考验了队员在冰天雪地里的自我保护能力，以及在冰雪上快速行动的能力。因此，建议相关队员进行越野滑雪训练。本节详细介绍冬季作战的相关问题。

13.1.1 滑雪训练相关问题

在滑雪训练中，必须技术熟练才能使用滑雪板滑雪。越野滑雪是绝大多数冬季战场上最主要的非机械行军方式。地势较为平坦时，滑雪还是效率最高的人力运输方式。当然，想在冰天雪地里自由驰骋、顺利地完成军事任务，必须有较高的体能素质和过硬的滑雪技巧。

越野滑雪时，要选择大小合适的雪靴，靴子过大，脚在靴子里面晃，容易发生扭伤、骨折等损伤。全副武装进行越野滑雪时，滑雪板的负重量变大，受伤风险也随之变大。因此，冬季战场上的海豹突击队队员必须是优秀的越野滑雪选手。

海豹突击队队员的总体体能素质应能够满足越野滑雪的体能素质要求，因为他们平时进行的长跑和游泳训练远比越野滑雪的运动量大。然而，越野滑雪运用的是不同的肌肉群，因此，队员必须提前进行滑雪专项训练，增强相关肌肉（群）素质。使用滑雪机进行专项模拟训练，能够有效地强化、锻炼相关肌肉群，提高身体各部分之间的协调性，从而提高滑雪效率。除此之外，还要掌握过硬的技术、技巧，并且综合考虑具体的战斗需要。

① 能在各种地形上停止、转弯自如；

② 能够全副武装、背负器械，熟练自如地滑雪；

③ 能够熟练调试滑雪用具，最大限度提高滑雪效率。

13.1.2 转弯、停止及其技巧

熟练掌握平行滑雪技术是背包负重滑雪的前提。背包滑雪时，千万不要进行弓步式转弯，缓慢向前跨步将后方冰雪扬起，因为体后的背包容易导致身体失去平衡，重心不稳，前腿膝盖承受过重的压力，容易发生严重的损伤。

在山上滑雪要停下来时，掌握弓步转弯的技巧很有用处。速降滑雪转弯时，双腿一前一后，注意不要伸直后腿，而是伸直前腿控制方向转弯。全副武装、负重滑雪时，采用这种转弯技术容易控制速度和动作，对判断下滑时的速度也有帮助。

穿上滑雪装备后，滑雪杖对掌握下滑速度和保持身体平衡非常有用。当雪杖碰到树桩或其他冻在地上的坚硬障碍物时，容易引发手臂及肩关节损伤。使用减速护腕可以有效避免这类损伤。

13.2 老兵的慢性损伤问题

40岁以上的海豹突击队队员经常被慢性过劳损伤和骨骼肌系统的大小损伤所困扰。最常见的慢性骨骼肌损伤包括背部、颈部、肘部、膝部、踝部、足部疼痛。表13–1总结了慢性骨骼肌疼痛的多发部位、常见病因和治疗建议。柔韧性不足是这些疾病的常见病因。

终生坚持柔韧训练、力量训练、越野训练，提高有氧能力，是预防和减轻这些慢性疼痛的根本方法。一旦受伤，尽早发现治疗也是预防慢性损伤的根本举措。

表13–1 慢性骨骼肌疼痛的多发部位、常见病因及治疗建议

多发部位	常见病因	治疗建议
背部	韧带拉伤； 骨性关节炎； 腹部肌肉弱； 骶髂关节功能障碍； 坐骨神经痛； 柔韧性差	早晚进行拉伸训练； 背部、腹部肌肉力量训练； 器械训练； 痛感未得到控制前不得使用浮板游泳、不得跑步
颈部	韧带拉伤，小关节综合征； 肌肉拉伤； 椎间盘突出	等长拉伸训练； 痛感完全消失后再进行自由泳训练
肘部	肌腱炎； 外上髁炎	冰敷患处； 手腕部和肘部拉伸训练； 痛感完全消失后再进行钻石俯卧撑训练
膝部	膝部疼痛综合征； 肌腱炎	拉伸四头肌、二头肌/伸展训练； 避免上下楼； 痛感消失前不得进行弹跳力训练与室内脚踏车训练
肩部	搏击综合征； 关节不稳、肩袖肌腱炎	拉伸肩袖/拉伸训练； 运动后冰敷肩部； 避免架空动作、军事负重、蝶泳； 游泳训练不得使用划手板； 自由泳时，使用同侧呼吸技巧

续表

多发部位	常见病因	治疗建议
脚踝部位	旧伤骨折引发的骨折性关节炎	踝关节柔韧性训练； 拉伸小腿； 避免负重训练和长跑； 尝试室内脚踏车训练
脚部	足底筋膜炎	拉伸小腿和脚部； 抬高脚跟； 类固醇注射

那些受伤队员和慢性损伤队员应该一边进行体能训练，一边采取康复性措施。常见的康复训练器械包括室内动感单车、滑雪机、划船机、登山机，也可以进行室内游泳训练。然而，恢复性训练的重点应该放在柔韧性训练上，体能训练中应注重伸展活动。表13–2和表13–3分别总结了相应的体能训练计划和具体的体能训练内容。队员只要按照表13–3坚持训练，就一定会起到修复作用。注意要量力而行、循序渐进，如果感到吃力或有痛感，请降低训练强度，以免旧病未好，又添新伤。还要根据自己的年龄适当放慢训练节奏，要注意倾听身体发出的各种“求救”信号。

长跑训练时，训练者一定小心谨慎，因为造成的损伤病根难除，这种慢性疼痛有时会成休眠状态，一旦强度过大，旧病复发，发现时为时已晚。如有不适，应立即就医。

表13–2　慢性骨骼肌疼痛恢复性训练周计划

（老兵体能训练计划）

训练时间	训练内容
周一	体能训练/30分钟间歇训练（划船机训练）/拉伸训练
周二	45分钟平稳训练/（室内脚踏车训练）拉伸训练
周三	体能训练/45分钟法特莱克加速训练（划船机训练）/拉伸训练
周四	15分钟室内脚踏车训练/15分钟划船机训练/15分钟室内脚踏车训练/拉伸训练
周五	体能训练/30分钟慢跑
周六、日	休息一天，另一天任选一项低强度训练
2~3次/周　循环进行自由力量训练	

表13–3　慢性骨骼肌疼痛恢复性训练内容

（老兵体能训练计划）

训练项目	重复次数	总时间（秒）
杰克跳	25	60
1/2杰克跳	25（2拍）	60
全方位臂部拉伸	5	60
各式腿屈伸	25~50	60
俯卧撑（常规）	20	60
俯卧躯干拉伸	2	30

续表

训练项目	重复次数	总时间(秒)
蝴蝶式拉伸	2	30
拉伸髂胫束	每侧2次	60
坐姿(三式)拉伸股二头肌	每侧2次	180
泳姿拉伸	2	30
俯卧撑(常规)	20	60
仰卧起坐	20	60
仰卧背部拉伸	1	30
俯卧超人式拉伸	每侧10次	60
双腿冲天	30	60
后踢腿	每侧20次	60
上背部肌群/后肩部肌群拉伸	2	30
肱三头肌拉伸	每侧2次	60
弓步拉伸髋关节肌群	每侧2次	60
站位拉伸股四头肌	每侧2次	60
站位提踵	30	60
拉伸比目鱼肌/腓肠肌	每侧2次	60

14

终极体能训练计划

作为全书最后一章，本章的目的是结合全书所有内容，介绍几种综合性体能训练计划，旨在满足海豹突击队的具体军事作战需要。

14.1 综合性体能训练计划

海豹突击队的终极体能训练计划必须包含所有的体能素质训练。在热身准备活动过后，进行综合性体能训练应该包括以下几大内容：

① 心肺功能训练（有氧/无氧训练、爆发力训练）；

② 柔韧性训练；

③ 肌肉功能训练（力量、耐力、爆发力）。

有氧训练包括长跑、游泳训练；无氧训练包括间歇跑、间歇游泳训练和法特莱克加速跑训练、法特莱克加速游泳训练；柔韧性训练包括拉伸训练和肌肉功能训练，主要通过举重力量训练、循环训练和其他训练方式提高肌肉功能。每天应对各项体能素质设置不同的训练强度，但是，无论采取何种方式的交替训练，每日至少要保持肌肉力量训练、有氧和无氧训练及柔韧性训练。

训练过程中必须牢记这条准则：

力量训练和柔韧性训练要紧密相连、相辅相成。

力量训练会使肌肉变得更结实、更紧绷，从而在一定程度上限制了柔韧性，因此，拉伸运动对于保持柔韧性至关重要。表14-1总结了海豹突击队队员体能训练计划的内容，其中一些项目不能以小分队为单位进行训练，要把小分队分成几组进行训练。例如，循环式举重力量训练应该以8~12人为单位进行小组训练，而不是整个小分队一起训练。表14-1仅供参考，训练者可以结合自身情况做相应调整，进行交替训练。表14–2介绍了几种交替训练项目。

表14–1 海豹突击队队员体能训练计划

时间	训练内容
周一	拉伸训练/1组循环式障碍训练/4800米跑步训练/拉伸训练
周二	体能训练/2400米游泳训练/拉伸训练
周三	体能训练/6400~8000米法特莱克加速跑步训练/拉伸训练
周四	4800米跑步训练/1组游泳训练/3组跑步训练/拉伸训练
周五	交替进行16000米负重越野训练、保卫战训练
周六、日	任选一天休息，其余一天根据自己的喜好进行耐力训练
每周2次	全队进行2小时的循环式训练/力量训练

表14–2 交替训练项目

间歇冲刺训练（跑步、游泳）	肌肉增强训练 全身体能训练
PRT体侧（详见本章第六节）	越野滑雪训练骑车训练
原地跑	分组泳池游泳训练（每组16人）
跳绳	爬绳训练或握力训练

上述两个表是海豹突击队队员的日常体能训练内容，除此之外，他们还有基本体能训练计划。表14–3总结了基本体能训练计划的具体训练项目，这些训练项目通常用于热身运动，能够放松肌肉、扩大运动幅度、提高肌肉力量和耐力，为接下来剧烈的日常训练做好准备。这个体能训练计划短则10分钟就能完成，长则40分钟，训练者可根据自身情况酌情确定训练时间。

表14–3 基本体能训练项目（用于热身、柔韧性、力量训练）

训练项目	重复次数	总时间（秒）
杰克跳	50	60
1/2杰克跳	50（2拍）	60
双臂全方位拉伸	10	60
屈伸腿（全部变换训练）	60~100	60
常规俯卧撑	30	60
交替式摆腿	25	60
蝴蝶式拉伸	2	30
拉伸髂胫束	每侧2次	60
坐姿（三式）拉伸股二头肌	每侧2次	180
泳姿拉伸	2	30
钻石俯卧撑	30	60
仰卧起坐	30	60
宽距俯卧撑	30	60
仰卧背部拉伸	1	30
俯卧上身拉伸	2	30
俯卧超人式拉伸	每侧10次	60
双腿冲天	30	60
后踢腿	每只腿30次	60
双手置于膝侧下蹲	10	30
后肩部或者上背部拉伸	2	30
肱三头肌拉伸	2次	60
弓步拉伸髋关节肌群	每侧2次	30
站位拉伸股四头肌	每侧2次	30
立姿提踵	30	60

续表

训练项目	重复次数	总时间（秒）
拉伸腓肠肌/比目鱼肌	每侧2次	30
俯卧撑	极限次数	60
双杠臂屈伸	极限次数	60
爬绳训练	1	—

请按以上顺序训练。

如果训练者觉得上述拉伸训练计划不能满足高强度体能训练的需要，下面再介绍一个全身体能训练项目（表14–4），训练者也可以增加“基本”体能计划中具体训练项目的次数进行交替训练。全身体能计划和“基本”体能计划都很有效，训练者可根据自身情况选择使用。

表14–4　全身体能训练项目（用于热身、柔韧性、力量训练）

训练项目	重复次数	总时间（秒）
杰克跳	50	60
1/2杰克跳	50（2拍）	60
双臂全方位伸展	10	60
屈伸腿（全部变换训练）	60~100	60
常规俯卧撑	30	60
交替式摆腿	25	60
身侧提腿	每侧20次	60
蝴蝶式拉伸	2	30
拉伸髂胫束	每侧2次	60
坐姿（三式）拉伸股二头肌	每侧2次	180

续表

训练项目	重复次数	总时间（秒）
泳姿拉伸	2	30
钻石俯卧撑	30	60
仰卧起坐	30	60
宽距俯卧撑	30	60
单腿下蹲	每侧10次	60
仰卧背部拉伸	1	30
俯卧上身拉伸	2	30
俯卧超人式拉伸	每侧10次	60
双腿冲天	30	60
后踢腿	每只腿30次	60
双手置于膝侧下蹲	10	30
后肩部或者上背部拉伸	2	30
肱三头肌拉伸	每侧2次	60
弓步拉伸髋关节肌群	每侧2次	30
站位拉伸股四头肌	每侧2次	30
立姿提踵	30	60
拉伸腓肠肌/比目鱼肌	每侧2次	30
返回屈伸腿开始重复训练 2~3 次		
俯卧撑	极限次数	60
双杠臂屈伸	极限次数	60
爬绳训练	1	—

请按以上顺序训练。

每周至少还需要进行2次力量训练。

14.2 密闭空间体能训练计划

在军舰或潜水艇上也要保持体能素质，坚持体能训练。在密闭空间中，士气很容易消沉，因此需要鼓舞士气，让士兵保持坚定的训练动机，严格遵守军队纪律。为了防止登陆后作战能力下降，在军舰上要坚持进行体能训练。大部分军舰上都设有室内脚踏车和划船机，据此，表14–5介绍了一种密闭空间的体能训练计划。如果军舰上还设有其他健身器材，训练者可根据情况适当调整训练内容。

表14–5 密闭空间的体能训练计划

时间	训练内容
周一	体能训练 30分钟间歇训练（划船机训练） 拉伸训练
周二	45分钟稳态体能训练（室内脚踏车训练） 拉伸训练
周三	体能训练 45分钟法特莱克加速训练（划船机、跳绳训练） 拉伸训练
周四	15组骑车训练 15组划船机训练 15组骑车训练 拉伸训练
周五	交替进行8000米负重越野训练 背负伤员保卫战训练

续表

时间	训练内容
周六、日	根据自身情况，酌情休息1~2天
每周2~3次	循环训练或者自由力量训练

14.3“预备”体能训练

登陆或重返基地后，队员体能状况往往会有所下降，没有之前驻军时好。因此，要适当调整体能训练强度和耐力训练强度，以免造成训练损伤。表14–6和表14–7介绍了重返基地的体能训练计划和具体训练项目。体能恢复后，可重新开始正常的基础体能训练和全身体能训练。

表14–6　重返基地的体能训练计划

时间	训练内容
周一	改良体能训练 /3200~4800 米跑步训练 / 拉伸训练
周二	1600 米游泳训练 / 拉伸训练
周三	改良体能训练 /4800 米法特莱克加速跑训练 / 拉伸训练
周四	2400 米跑步训练 /1600 米游泳训练 /2400 米跑步训练 / 拉伸训练
周五	全身体能训练
周六、日	任选一天休息，另一天根据自己的喜好进行体能训练
每周 2~3 次	如果条件允许，进行循环训练或者自由力量训练

表14–7 重返基地的体能训练项目

训练项目	重复次数	总时间（秒）
杰克跳	25	60
1/2 杰克跳	25（2 拍）	60
双臂全方位拉伸	5	60
屈伸腿（全部变换训练）	40~80	60
常规俯卧撑	20	60
交替式摆腿	15	60
蝴蝶式拉伸	2	30
拉伸髂胫束	每侧 2 次	60
坐姿（三式）拉伸股二头肌	每侧 2 次	180
泳姿拉伸	2	30
钻石俯卧撑	20	60
仰卧起坐	20	60
宽距俯卧撑	20	60
仰卧背部拉伸	1	30
俯卧上身拉伸	2	30
俯卧超人式拉伸	每侧 10 次	60
双腿冲天	30	60
后踢腿	每只腿 20 次	60
双手置于膝侧下蹲	10	30

续表

训练项目	重复次数	总时间（秒）
上背部或者后肩部肌群拉伸	2	30
肱三头肌拉伸	每侧 2 次	60
弓步拉伸髋关节肌群	每侧 2 次	30
站位拉伸股四头肌	每侧 2 次	30
立姿提踵	30	60
拉伸腓肠肌 / 比目鱼肌	每侧 2 次	30
俯卧撑	极限次数	60
双杠臂屈伸	极限次数	60
爬绳训练	1	—

请按以上顺序训练。

14.4 已废除的危险训练动作

在日常训练中，也许有些海豹突击队队员已经体会到某些动作不太科学和合理。专家小组专门对所有海豹突击队分队的体能训练视察研究，发现很多训练动作都有可能损害身体，应该摒除。此外，专家小组还对很多动作进行了改良，提高了健身效率，降低了损伤风险，这些动作已经在第七章和第八章详细讲过，在此不再赘述。表 14–8 总结归纳了废除的训练动作及摒弃原因。

表14–8 废除的训练动作及摒弃原因

训练动作	摒弃原因
风车动作	容易造成椎间盘和下背部损伤
背部拉伸动作	容易损伤颈椎
摘樱桃式	容易损伤椎间盘和下背部
股二头肌拉伸动作	容易损伤椎间盘和下背部
触脚趾仰卧起坐	容易造成背部损伤，也不锻炼腹肌
立姿下腰动作	容易损伤椎间盘和下背部
立姿股二头肌拉伸动作	容易损伤背部
双人勾腿训练	容易损伤膝关节

14.5 简洁柔韧性训练计划

柔韧性训练是体能训练计划必不可少的重要组成部分，还能延缓退役时间。表14–9介绍了一个简洁的柔韧性训练计划，相信对那些患有慢性疼痛损伤的老兵、天生肌纤维较短的队员有所帮助。

表14–9 简洁的柔韧性训练计划：精选拉伸训练动作

<table>
<tr><th>身体部位 / 姿势</th><th colspan="2">柔韧性训练动作</th></tr>
<tr><td colspan="3">如果身体状况允许，每个动作保持15~30秒，每侧训练2次</td></tr>
<tr><td rowspan="2">站姿</td><td>项伸 / 项侧肌肉群拉伸</td><td>后肩部拉伸</td></tr>
<tr><td>上背部拉伸</td><td>三头肌拉伸</td></tr>
</table>

续表

身体部位 / 姿势	柔韧性训练动作	
坐姿	泳姿拉伸	拉伸髂胫束
	坐姿（三式）拉伸股二头肌	—
背部	仰卧背部拉伸	臀部拉伸
腹部	躯干侧身运动	俯卧训练
膝关节	肩部拉伸髂骨肌	足跟拉伸
站姿	拉伸腓肠肌	拉伸比目鱼肌

14.6 海豹突击队体能准备测试（PRT）

海豹突击队体能准备测试（PRT）的方式是一次性连续完成所有测试项目，每个测试项目中间休息2~15分钟，跑步测试和游泳测试之间休息30分钟，如果没在规定时间内完成所有测试项目即为不及格。PRT按顺序包括以下几类：

① 引体向上；

② 仰卧起坐；

③ 俯卧撑；

④ 4800米跑步；

⑤ 800米游泳。

第一类测试项目中，引体向上没有时间限制，但是，仰卧起坐和俯卧撑每项必须在3分钟内完成。测试时，队员按照测试要求的方式完成各类测试，根据年龄及完成个数给出成绩。4800米跑步和800米游泳测试也有时间限制，也是根据年龄和完成时间给定成绩。测试结束后，把各项得分汇总，求和得出个人总成绩。表14-10是一名34岁海豹突击队队员的PRT成绩单。

表14-10　一名34岁海豹突击队队员的PRT成绩单

比赛项目	完成个数或时间	成绩
引体向上	18个	80
仰卧起坐	105个	85
俯卧撑	100个	90
4800米跑步	18分	90
800米游泳	15分	94
		总成绩：439

每个单项总分为100分，因此成绩总分是500分。总成绩分为5个等级：

① 杰出 425~500；

② 优秀 350~424；

③ 良好 275~349；

④ 及格 200~274；

⑤ 不及格总分低于200或者任一单项成绩低于40。

按照这个标准，表14-10所举的例子应属优秀成绩。

14.7 史密斯少将体能训练计划

本节介绍一下“史密斯少将体能训练计划”，见表14-11。其具体训练程序如下。

从第一阶段开始，按表中顺序进行每个项目的第一组训练，然后返回来再循环进行第二组训练，直至完成第一阶段所有组次训练；然后进行第二阶段训练，再按顺序完成所有项目的所有组次训练，以此类推，直到完成所有阶段的全部训练。

每个阶段都是从低重复次数开始，目的是循序渐进地完成整个训练计划。做过这个训练的人肯定有些困惑，这也不是现代体能训练专家推崇的训练方式，比如：连拉伸运动都没有（你可以自己进行拉伸运动），同一训练项目的重复次数过多，还有很多腹部训练有可能损伤下背部（保守说法）。尽管如此，如果有时间（至少2小时），你可以在任何地点进行这套训练。这套训练计划的实用性很强，几乎能够锻炼全部的肌肉群。训练结束后，你可能会感到浑身酸疼，但是，只要动作正确，小心训练，便可以降低痛感。你还在等什么？

当然，你不一定完全按照这个计划进行训练，应该结合自身情况，进行适当调整，争取取得最佳训练效果。如果你能在2小时15分内完成这套训练，那么你就可以去当健美教练了（很多海豹突击队退役队员都从事这一职业）。

更重要的是，你最好和队友一起训练，共苦者往往能结成深厚的友谊。

表14–11 史密斯少将体能训练计划

训练项目	重复次数	训练项目	重复次数
第一阶段		第二阶段	
双臂全方位拉伸运动	10/20	俯卧撑	10/15/20/25
坐姿转体	10/20	仰卧颈部提拉	30/40/50
躯干侧拉伸	10/20	—	—
第三阶段		第四阶段	
转体仰卧起坐	50/30/30	侧卧屈伸腿	50/40/30
钻石俯卧撑	30/25/20	钻石俯卧撑	100/80/60
第五阶段		第六阶段	
俯卧撑	50/40/30/20	杰克跳	20/20/20
站姿挥臂侧拉躯干	30/20/10	宽距俯卧撑	40/30/20
第七阶段		第八阶段	
俯卧摆臂拉伸背部	50/40/30	俯卧撑	50/40/30
侧卧拉伸大腿	50/40/30	仰卧侧拉颈部	50/40/30
第九阶段		第十阶段	
屈腿卷腹	200/125/100	仰卧空中骑车	50/40/30
左腿箭步蹲	30/20/15	右腿箭步蹲	20/20/15

续表

训练项目	重复次数	训练项目	重复次数
第十一阶段		第十二阶段	
坐姿屈膝卷腹	100/80/60	坐姿交替摆腿	150/80/70
站姿举臂后拉	120/100/80	身侧提腿	40/40/50
第十三阶段		第十四阶段	
站姿颈背侧拉	100/80/60	仰卧起坐	100
近距下蹲	30/25/20	下蹲	50
第十五阶段		第十六阶段	
触脚仰卧起坐	30/20/15	仰卧交替摆腿	300
俯卧撑	10/25/40	宽距下蹲	50
—	—	俯卧撑	60
第十七阶段		第十八阶段	
倒立	—	引体向上	100
俯卧撑（交换训练）	6/10/12/16	双杠臂屈伸	100

注：第十八阶段采用金字塔式或者倒金字塔式训练。

上述训练有些介绍过，还有一些是新姿势，图14–1给出了这些新姿势的动作图。

第二阶段 仰卧颈部提拉

第三阶段 转体仰卧起坐

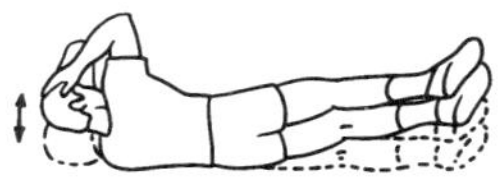

第四阶段 侧卧屈伸腿

第五阶段 站姿挥臂侧拉躯干

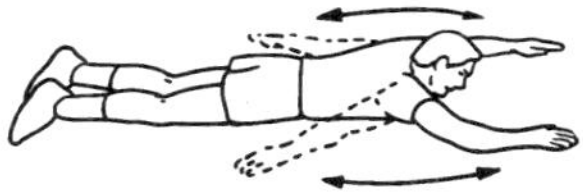

第七阶段 俯卧摆臂拉伸背部

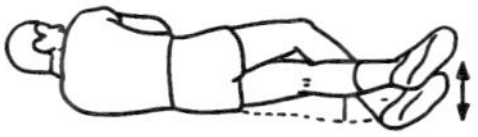

第七阶段 侧卧拉伸大腿

第八阶段 仰卧侧拉颈部

第十一阶段 站姿举臂后拉

第十三阶段 站姿颈背侧拉

图14-1 动作展示图

附录A

力量训练的技术动作简介

表A–1　各部位力量训练的动作要领

技术动作	动作要领	图示
臀部和腿部力量训练		
半蹲	1. 正握杠铃放于颈后肩上，注意不要直接放在脖子上。 2. 双脚稍宽于肩站立，脚尖朝外，挺胸抬头收腰，做时保持背部挺直。 3. 平稳屈膝下蹲，直至大腿与地面平行。 4. 停止下蹲，起立还原。 5. 下蹲时吸气，起立时呼气	
箭步蹲	1. 双脚与肩同宽站立，肩扛杠铃。 2. 一条腿向前跨一步，直至大腿与地面平行，注意向前跨步不要太大，小腿与地面垂直，膝盖不能超过脚尖。 3. 停止，起立还原，换腿重复。下蹲时吸气，起立时呼气	
3/4 蹲	1. 正握杠铃放于颈后肩上，注意不要直接放在脖子上。 2. 双脚稍宽于肩站立，脚尖朝外，挺胸抬头收腰，做时保持背部挺直。 3. 平稳屈膝下蹲，直至膝盖成 120°。 4. 停止下蹲，抬起脚跟，起立还原。 5. 下蹲时吸气，起立时呼气	

续表

技术动作	动作要领	图示
直腿硬拉	1. 双臂伸直，将杠铃放在地上。 2. 两腿伸直站立，上体前屈，挺胸紧腰，膝盖稍稍弯曲，能感到腿后群肌肉紧绷，而不是下背肌群紧绷。 3. 展体至身体挺直，双臂伸直。 4. 停止，还原预备姿势。 5. 屈体时吸气，起立时呼气	
仰卧小腿屈伸	1. 训练过程中注意保持臀、背部紧贴于支撑垫。 2. 缓慢降低平板直至大小腿成 90°。 3. 然后立刻伸直双腿，中间不能有停顿。注意：训练中不能锁住膝盖。 4. 停止。再重复训练第 2、3 步，伸腿时呼气，屈腿时吸气	
俯卧腿弯举	1. 双足收紧，将脚后跟放于重力垫下，注意不是小腿放在垫下。 2. 快速最大限度向臀部提拉小腿。 3. 停止，平稳还原。 4. 屈腿呼气，伸腿吸气。 5. 屈腿过程中，臀部不得上抬、背部不得弯曲	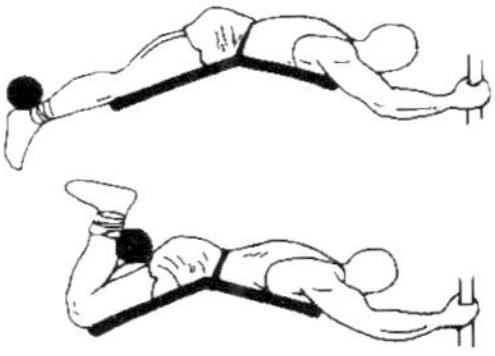
机械伸腿	1. 在健身器上坐好，双脚放在脚垫下，调好拉杆，固定身体。 2. 收紧双脚，用力伸腿直至双腿与地面平行，确保收紧四头肌。 3. 停止，缓慢收腿还原预备姿势，注意	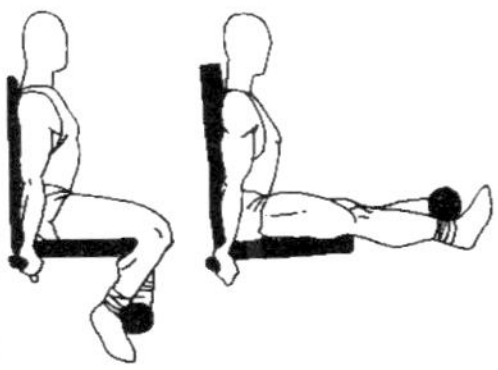

续表

技术动作	动作要领	图示
	动作要平稳，不要一下将腿收回。 4. 再重复训练第2、3步，伸腿时呼气，收腿时吸气	
坐姿提踵	1. 在小腿训练器上坐好，脚掌放在踏板上，重力垫放在膝盖上。 2. 最大限度向上提拉脚跟，停止并保持一会儿。 3. 缓慢还原动作，然后尽力下拉脚跟。 4. 重复训练，提踵呼气，下降吸气	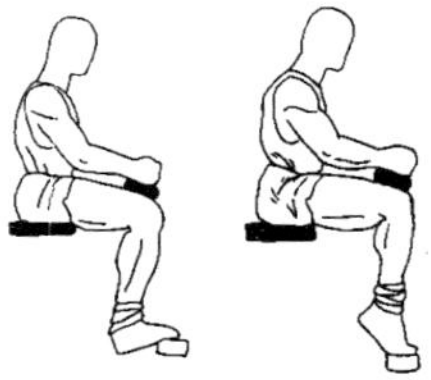
站姿提踵	1. 在小腿训练器上站好，脚掌放在踏板上，重力垫放在双肩上。 2. 挺直身体，抬起脚跟，最大限度向上提拉小腿。 3. 停止，缓慢还原动作。 4. 提拉时呼气，还原时吸气。 5. 训练时，不要锁定膝盖	
	背部力量训练	
双臂下拉	1. 背部挺直坐好，双臂伸直，反手握住拉力器把。 2. 双手与肩同宽，向下拉，使胸上部碰到拉力器把。 注意：训练时，身体不要后仰，拉力器不要乱摆，拉力器随肘关节平稳下降。 3. 停止，缓慢还原重新训练。 4. 下拉时呼气，还原时吸气	

续表

技术动作	动作要领	图示
反手俯立划船	1. 杠铃放于脚前 4~6 厘米处。 2. 挺胸塌腰，上体前屈 90° ，头部放在软垫长凳上，双手与肩同宽，反手握住杠铃。 3. 双膝微微弯曲，双臂伸直拉起杠铃。 4. 用背阔肌收缩力量，将杠铃沿着上体屈臂向后拉至胸腹部。 5. 停止，缓慢还原。 6. 重复训练第 4、5 步。 7. 上拉杠铃时呼气，下降时吸气	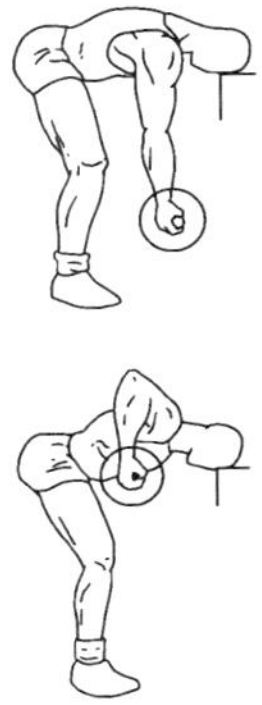
双臂对握下拉	1. 手掌相对握住拉力器把，背部挺直，双臂伸直。 2. 肘关节沿着身体两侧向后下方运动，直至拉力器把碰触上胸部。 注意：训练时，身体不要后仰，拉力器不要乱摆，拉力器随肘关节平稳下降。 3. 停止，缓慢还原。 4. 重新训练第 2、3 步，下拉时呼气，还原时吸气	
坐姿划船	1. 双脚蹬在固定物或者脚踏板上，双膝微屈。 2. 双臂在胸前伸直，双手握住拉杆，训练时活动肩关节，背部保持挺直不动。 3. 运用上背部力量，屈肘向胸腹部牵引直至前臂与地面平行，注意挺直上身，不要左摇右摆。 4. 停止，还原重复训练第 3、4 步。屈臂时呼气，伸臂时吸气	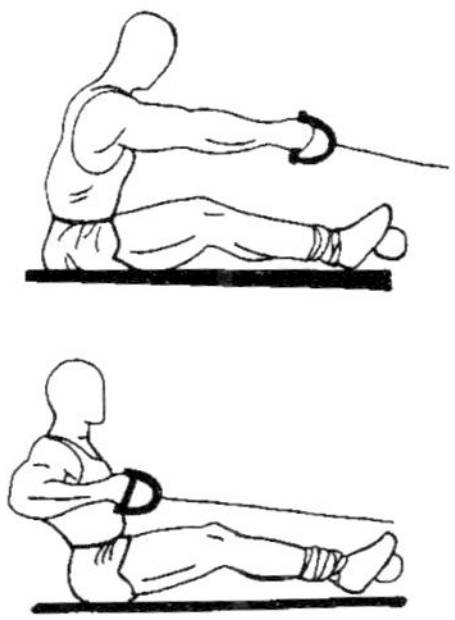

续表

技术动作	动作要领	图示
单臂哑铃划船	1. 左膝和左手按放长凳上，上身与地面平行，背部挺直，右腿伸直，右脚着地。 2. 右臂伸直，右手抓握哑铃，屈肘上拉哑铃至腰间肋骨。 3. 缓慢伸直胳膊还原，提拉时呼气，还原时吸气。 4. 重复训练第 2、3 步。 5. 换手进行反方向训练	
背屈伸/山羊挺身	1. 俯伏在背屈伸凳上，身体下滑，直至小腹贴近凳边。 2. 向前屈体，让上体直向下垂，双足固定。 3. 缓慢起身还原。 4. 起身时呼气，身体下垂时吸气	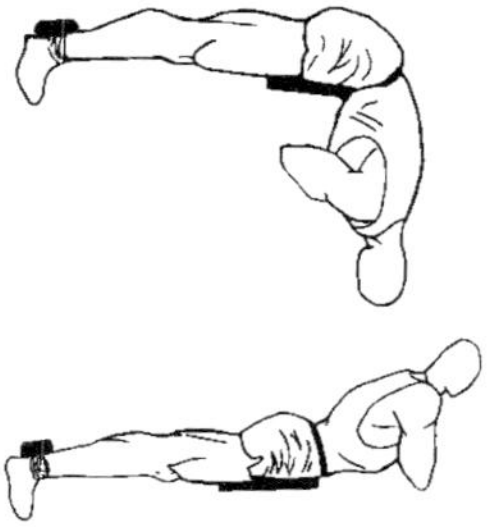
肩部和臂部力量训练		
上斜哑铃卧推	1. 哑铃凳调成上斜 20°，双脚撑地，上身躺在凳上。 2. 双臂弯曲置于身体两侧，抓牢哑铃，就好像握住杠铃一样。 3. 向上推举哑铃直至手臂伸直，肘关节微屈，注意保持背部挺直，不可弯曲。 4. 停止，慢慢放下哑铃，哑铃大概与上胸部平行，重复训练。 5. 推举时呼气，收臂时吸气	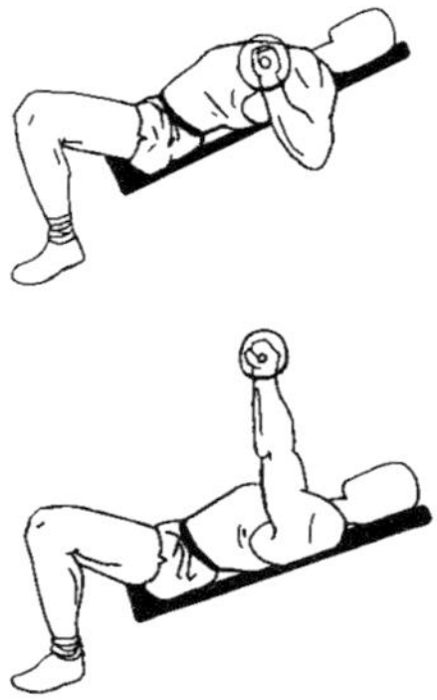

续表

技术动作	动作要领	图示
仰卧哑铃飞鸟	1. 双脚撑于地面，上身平躺在哑铃凳上。 2. 双手握住哑铃，双臂向上伸直，掌心相对。 3. 保持肘部微微弯曲，慢慢放下哑铃，呈现画弧线的动作。 4. 停止，按原“路线”还原。 5. 反复训练第 3、4 步，伸直手臂时呼气，弯曲手臂时吸气	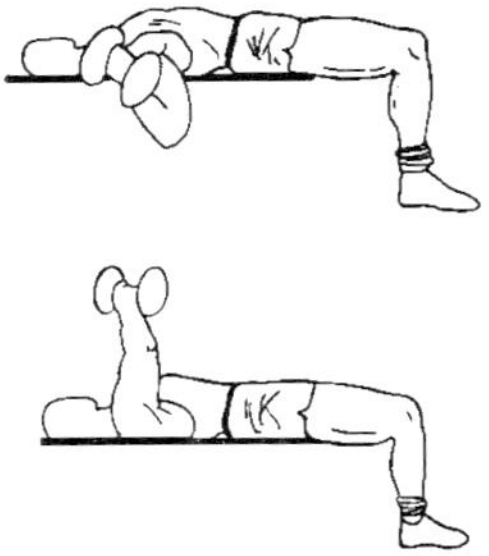
颈后推举	1. 背部挺直坐于长凳子上，双脚撑地。凳子也可倾斜 5°~10° 。 2. 正手握住哑铃，掌心相对，推举至颈后肩部上方。如果使用杠铃，要确保动作安全。 3. 伸直手臂，将哑铃 / 杠铃垂直推举到头部上方，注意安全，控制动作节奏。 4. 停止，缓慢收回手臂还原。上推时呼气，下降时吸气	
仰卧侧拉臂力	1. 双脚跨于凳子两边撑地，上身平躺在凳上。 2. 双臂向两侧伸直，与躯干垂直，双手握住拉力器把，保持肘部微微弯曲，双手同时向内拉拉力器，并在胸前交叉。 3. 停止，缓慢伸展手臂还原。训练时，注意上臂与肩部和锁骨在一条直线上。 4. 手臂弯曲拉力时呼气，伸展手臂时吸气	

续表

技术动作	动作要领	图示
直立划船	1. 采用窄握距上握法，推荐使用 E-Z 弯举杠铃，双手之间握距不得超过 15 厘米。 2. 站好，伸直手臂，将杠铃放在大腿前面。 3. 训练时，背部保持挺直，把杠铃贴近身体徐徐向上拉起，直到横杠几乎触及颏部。 4. 杠铃提至最高点时，前臂几乎与地面平行。肘关节向外上方运动。 5. 停止，让杠铃徐徐下落还原。重复再训练第 3、4、5 步	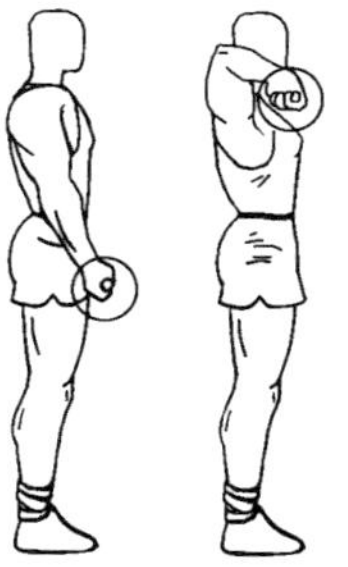
上斜旋转哑铃弯举	1. 手臂向下伸直，手持哑铃，掌心向后，斜靠在哑铃凳上。 2. 向上提拉哑铃，超过大腿时，缓慢旋转腕部，使掌心向上。 3. 向上提拉哑铃至与肩部平行。注意动作要平稳，不要让哑铃摆动。 4. 停止，平稳下放哑铃，保持掌心向上，直至哑铃到背下方时，翻转手腕，继续下放直至手臂完全伸直。 5. 停止，重复训练第 3、4、5 步。 6. 提拉哑铃时呼气，下放哑铃时吸气	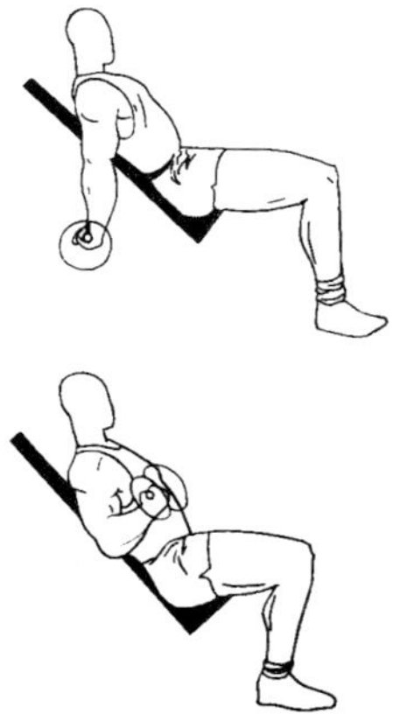

续表

技术动作	动作要领	图示
杠铃弯举	1. 双脚与肩同宽站好，双手与肩同宽反握杠铃。 2. 双臂伸直，杠铃放在大腿上。 3. 缓慢弯曲肘关节提举杠铃，注意保持臂部和肘部紧贴体侧，背部保持挺直，肘关节不得向前移动，动作平稳，不要让杠铃摆动。 4. 停止，缓慢放下杠铃还原。 5. 停止，重复训练第 3、4 步。弯举杠铃时呼气，下放还原时吸气	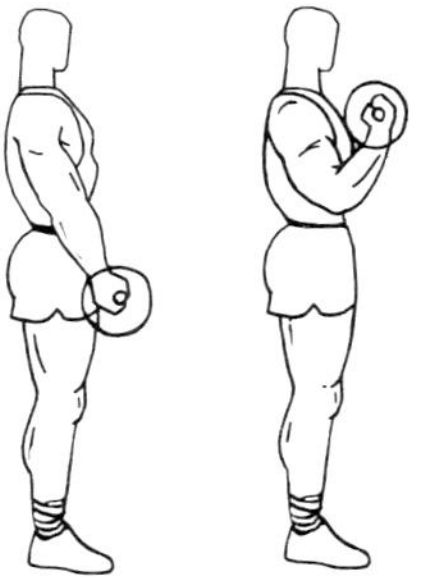
单铃内旋	1. 侧躺在哑铃凳上，把要锻炼的那个肘关节放在凳边，紧贴腰部，用于固定。 2. 手持哑铃，以舒服的角度向地面下放哑铃。 3. 停止，向上提拉哑铃。 4. 下放哑铃还原。重复训练第 3、4 步。 5. 换手训练。 6. 提拉哑铃时呼气，下放时吸气	
单铃外旋	1. 侧躺在哑铃凳上，下面的手臂伸直置于体侧，肘关节紧贴腰部支撑身体。 2. 身体上侧的手握住哑铃，前臂垂直躯干放于体前，上方手臂肘关节紧贴体侧用于固定。 3. 以肘关节为支撑点向天花板提拉哑铃。 4. 停止，下放哑铃还原。重复训练第3、4步。 5. 提拉哑铃时呼气，下放时吸气	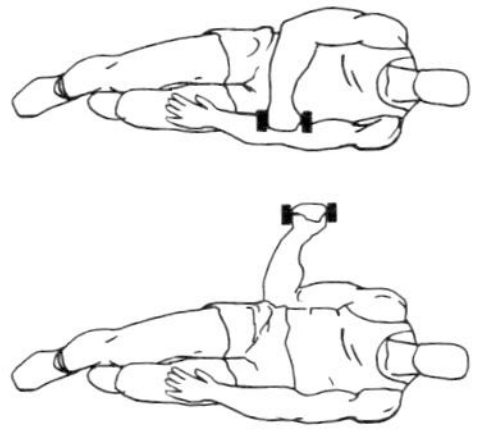

续表

技术动作	动作要领	图示
重锤下压	1. 滑轮拉力器好于杠铃，因为绳索更有利于充分锻炼肱三头肌，如果用绳索，两端应该打好结。 2. 站姿，夹肘，上臂紧贴身体两侧。 3. 屈臂，以肱三头肌的收缩力将绳索由上往下压，直至两臂伸直，注意锁定肘关节，尽力下拉。 4. 停止，用肱三头肌控制，慢慢向上还原。下压时呼气，还原时吸气	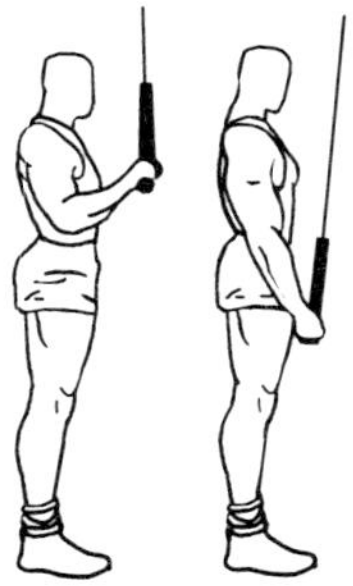
肱三头肌过顶伸展	1. 将绳索穿过墙上方的滑轮，手握绳结上方。 2. 向前拉动绳索，确保在肘关节活动范围内，绳索够长。 3. 双手握绳高举过顶，屈肘，前臂下垂碰触肱三头肌。训练时，注意两上臂贴近两耳，保持坚直不能摇摆；以肘关节为中心而不是以肩关节为中心伸展。 4. 前臂呈圆弧状向头前上方挺伸，手臂与地面成 45° 。 5. 停止，还原重复训练。 6. 手臂伸展时呼气，屈肘时吸气	 
仰卧肱三头肌伸展 / Z–E 弯举	1. 仰卧在凳子上，双脚撑地，头部下垂。 2. 双手握住杠铃举过头顶，握距约 15 厘米，手掌朝上。 3. 屈臂下放杠铃至额头附近。 4. 肘关节以 30° 圆弧状提举杠铃，上臂	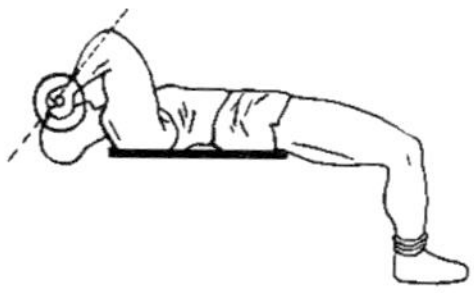

续表

技术动作	动作要领	图示
	保持垂直。 5. 停止，平稳还原。 6. 重复训练第 3、4、5 步。提举时呼气，屈臂时吸气	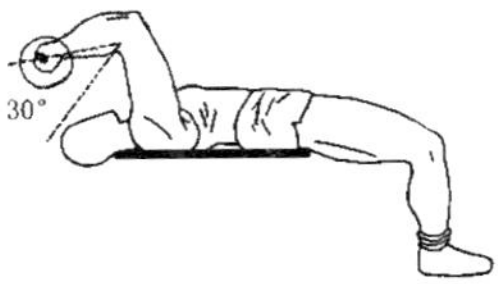
反握腕弯举	1. 跨坐在哑铃凳上，双肘放于双膝之间，前臂平放于凳子上，腕部垂于凳外，反握哑铃。 2. 开始：手腕向地面拉伸，伸开手掌，哑铃停在手指上。 3. 停止，弯曲手指重新握住哑铃并用腕力向胸部提拉哑铃，腕关节呈圆弧状运动，注意保持前臂挺直，紧贴于凳。 4. 停止，平稳向下低哑铃还原。 5. 重复训练第 2、3、4 步。上提哑铃时呼气，下低哑铃时吸气	
正握哑铃手腕弯举	1. 跨坐在哑铃凳上，双肘放于双膝之间，前臂平放于凳子上，腕部垂于凳外，正握哑铃，掌心朝下。 2. 开始，腕关节呈圆弧状向上提拉哑铃。 3. 停止，向地面下低哑铃。注意训练时保持前臂挺直，紧贴于凳。 4. 停止，向上提拉哑铃，还原。 5. 重复训练第 2、3、4 步。上提哑铃时呼气，下低哑铃时吸气	

附录B

常用肌肉解剖术语和解剖图

表B-1 常见肌群名称及其功能

常见肌群名称	组成肌肉	功能
胸部肌群	胸大肌*	使躯干屈曲、内收、伸展，肩胛带和旋转（卧推）
	胸小肌*	
	前锯肌	
	锁骨下肌	
腹部肌群	腹横肌*	使脊柱前屈、侧屈，旋转躯干
	腹直肌	
	腹外斜肌	
	腹内斜肌	
	腰方肌	
背部伸张肌群	竖脊肌*（髂肋肌、最长肌、棘肌）	使脊柱向后运动
髋关节屈肌群	髂腰肌*、股直肌*	使腿在髋关节处向上、向前运动
	缝匠肌、耻骨肌	
	阔筋膜张肌、内收肌	
	臀中肌前部	
髋关节伸肌群	臀大肌*	使腿在髋关节向后伸展
	半腱肌	
	半膜肌*	
	股二头肌*	

续表

常见肌群名称	组成肌肉	功能
髋/股内收肌群	大收肌*	使腿向躯干运动
	内收长肌*	
	内收短肌*	
	耻骨肌	
	股薄肌	
髋/股外展肌群	臀中肌*	使腿向体外侧运动
	臀小肌*	
	阔筋膜张肌	
	缝匠肌	
膝关节屈肌群	股二头肌*	弯曲膝关节、屈曲内旋
	半膜肌	
	半腱肌	
	股薄肌	
膝关节伸肌群	股四头肌*	伸展膝关节，股内侧肌对膝关节有很好的保护作用，使其免受关节劳损
	股中间肌*	
	股外侧肌*	
	股内侧肌	
	股直肌	
	缝匠肌	
小腿肌群	腓肠肌	伸展踝关节
	比目鱼肌	
胫骨肌群	胫骨前肌	屈曲、伸展踝关节
	胫骨后肌	

*为人体运动中的主要肌肉。

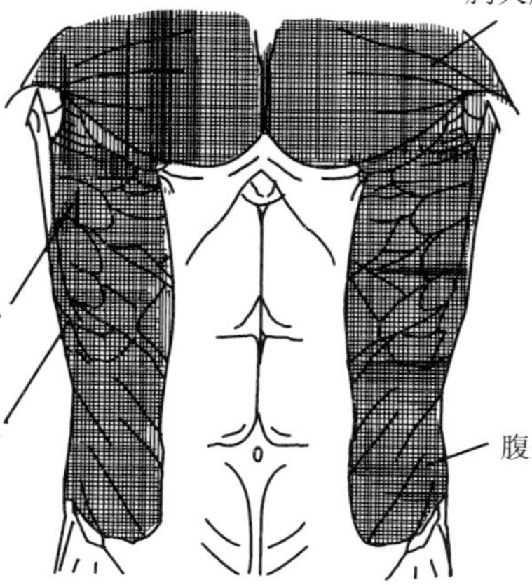

图B–1　胸部主要肌肉图

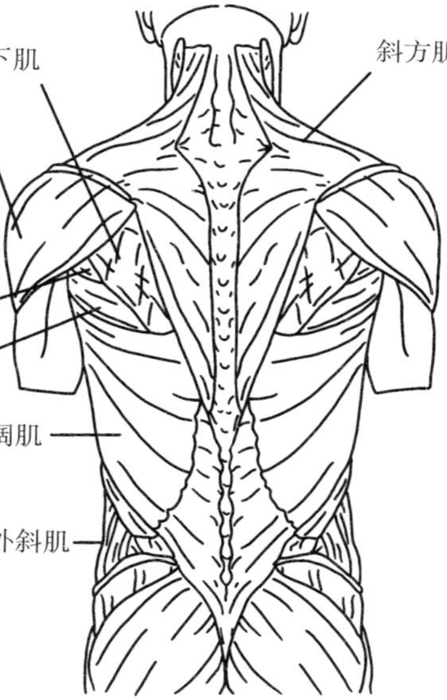

图B–2　背部主要肌肉图

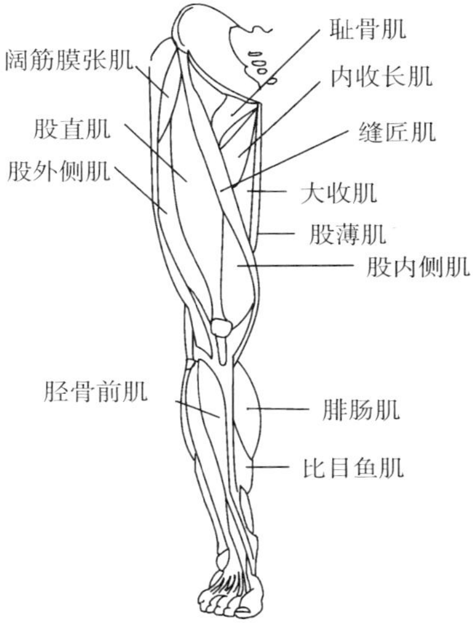

图B–3　下肢前肌群主要肌肉图

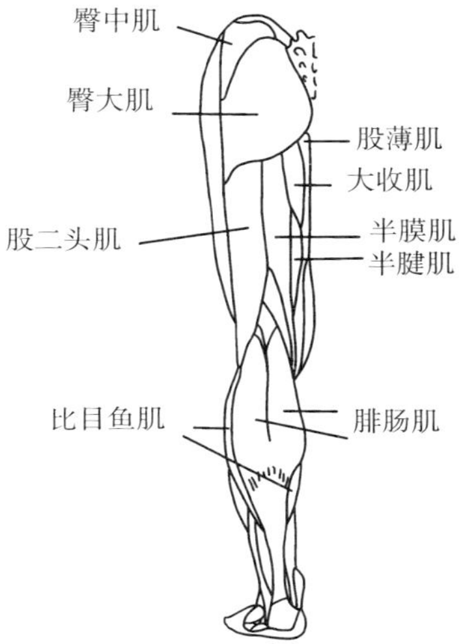

图B–4　下肢后肌群主要肌肉图

附录C

负重足部护理

在长途行走中，注意足部的卫生护理十分重要，尤其是在负重行军中，足部卫生护理有利于避免足部损伤。这类损伤包括以下几个方面：

① 水泡； ② 擦伤；
③ 脚汗问题； ④ 运动员脚（脚气）；
⑤ 战壕脚； ⑥ 浸足病。

在负重训练/行军的之前、之中、之后，都应该对足部进行特殊护理：要经常彻底清洗足部，使用足部保养粉，穿着大小适中、合脚的鞋袜，定期正确修剪指甲。

负重活动之前，要对足部做如下护理。

① 修剪指甲：要将指甲剪短，剪成近似方形，再向一个方向锉指甲，使其边缘平滑。

② 使用足粉，保持脚部干爽。

③ 穿着干净、干燥、舒服的袜子（最好有减震垫），袜子最好反穿，避免接缝、打结处与脚接触；不得穿修补过的旧袜子；选用尼龙或聚丙烯鞋垫，可以减少摩擦，保护双脚；带一双备用袜。

④ 行军/训练前充分适应新鞋，适应后，再换一双重新适应，确保每双新鞋都合脚。

如果条件允许，利用休息时间躺下，抬高双足。时间充裕的话，还可以进行足部按摩、涂抹足部保养粉、换袜子、处理伤口，用吸水胶带包扎水泡、擦伤、裂口等伤口。松解鞋带，放松肿胀的双脚。

负重训练/行军之后，也应该按上述程序护理足部，清洗、晾干袜子，晾干靴子。在长途行军后，双脚两边肯定又红又肿，甚至磨出水泡，因此需要把脚抬高，促进血液循环，行动时要穿宽松的鞋袜。保持足部清洁、干燥，可以避免绝大多数足部疾病。擦伤后，足部长时间泡在潮湿、肮脏的鞋袜里会引发足部感染，还可能导致更严重的疾病。如果条件允许，应该每日泡脚。在战场时，冷水洗脚可以降温，还能减轻刺激。洗脚后，要彻底晾干双脚。